Fondation Dr Catherine **Kousmine**

La méthode Kousmine

Alimentation saine, apport de vitamines et
minéraux, hygiène intestinale, implications
psychologiques

Dr Catherine Kousmine
Dr Philippe-Gaston Besson
Dr Alain Bondil
Dr François Choffat
Dr André Denjean
Dr Jean-Pierre Lablanchy
Dr Luc Moudon
Dr Patrick Paillard

jouvence
EDITIONS

Extraits du catalogue Jouvence

Petit traité de naturopathie (n.e.), Christopher Vasey, 2011
Acide-base : une dynamique vitale (n.e.),
Dr Phillippe-Gaston Besson, 2010
La crème Budwig (n.e.), Dr Philippe-Gaston Besson, 2010
Les cures de santé (n.e.), Christopher Vasey, 2010
Manuel de diététique, de nutrition et d'alimentation saine,
Christopher Vasey, 2009
Kousmine gourmande (n.e.),
Suzanne Preney et Brigitte Favre, 2007
Les 5 piliers de la sante (n.e.),
Dr Besson, Dr Bondil, Dr Denjean, Dr Keros, 2004
Kousmine au gre des saisons,
Dr André Denjean et Lucette Serre, 1998
Kousmine au quotidien, Dr André Denjean et Lucette Serre,
1994

Catalogue gratuit sur simple demande
Éditions Jouvence
France : BP 90107 –
F-74161 Saint Julien en Genevois Cedex
Suisse : CP 184 – CH-1233 Bernex-Genève
Site Internet : **www.editions-jouvence.com**
Mail : info@editions-jouvence.com

ISBN 978-2-88353-948-8
Couverture : Dynamic 19, Thonon-les-Bains (74)
Composition : Nelly Irniger, Fillinges (74)

Sommaire

Préface du Dr Philip Keros

Conçu à la suite du 1er Congrès de la Fondation Kousmine organisé à Ste-Maxime (1987), ce livre est le premier ouvrage qui développe, d'une manière claire et accessible à tous, les différents points de l'approche thérapeutique du Dr Catherine Kousmine. Il reste un référentiel de base pour tous ceux qui veulent se familiariser avec ce que nous, les élèves, avons appelé *la Méthode Kousmine*.

Ces notions, révolutionnaires pour l'époque, paraissent aujourd'hui évidentes. De nombreuses publications scientifiques et ouvrages spécialisés sont venus, depuis lors, confirmer l'importance des acides gras oméga 6 et 3 issus des huiles de 1re pression à froid pour le système immunitaire et les problèmes de santé liés à leur carence ; la réalité de la porosité de la muqueuse intestinale à l'origine d'innombrables intolérances alimentaires dont souffrent beaucoup de gens actuellement ; la toxicité de la flore intestinale de putréfaction qui se développe lors de régimes trop carnés ; les conséquences d'un déficit en anti-oxydants responsable de désordres tissulaires source d'inflammations chroniques et d'un vieillissement précoce...

C'est pourquoi ce livre n'a pas pris une ride. Il reste toujours d'actualité car cette approche thérapeutique constitue une prise en charge globale des causes de la maladie. Ces notions ont largement fait leurs preuves depuis plus de 50 ans puisque nous, ses élèves, confirmons auprès de nos malades les résultats que le Dr Kousmine a obtenus. La pertinence de son message est liée au fait qu'elle s'adresse aussi bien aux biens-portants désireux de se maintenir en bonne santé qu'aux malades atteints de pathologies chroniques et qui veulent contribuer à améliorer leur état.

Catherine Kousmine était pleine de bon sens et celui-ci transparaît dans chacun des paramètres que l'on a défini comme les *piliers* de sa méthode. C'est un ensemble de règles de vie simples dont l'efficacité se constate rapidement : l'importance d'une alimentation saine, non industrielle ; l'élimination intestinale quotidienne ; la compensation des carences en vitamines et oligo-éléments ; la lutte contre l'excès d'acidité... En fait tout ce qui constitue une bonne hygiène de vie. Reste encore à les mettre en pratique, surtout dans un monde où le temps que l'on consacre à soi est compté et où l'alimentation industrielle est omniprésente. Mais alors, faut-il s'interroger longtemps sur les causes de l'explosion des maladies dégénératives ?

La Méthode Kousmine

Dr Philippe-Gaston Besson

Il est curieux de constater que le monde médical occidental s'est vu confronté au cours des derniers siècles à des maladies bien variées dans leurs formes et leurs aspects, mais ayant toutes en commun un rapport direct avec une baisse générale et progressive de l'immunité de l'homme.

L'évolution des maladies dues aux parasites et aux bacilles (syphilis, lèpre et tuberculose principalement), puis celle des maladies causées par les bactéries (pneumonie, infections diverses…) ont été considérablement influencées par la découverte des antibiotiques.

Ensuite, comme une conséquence de l'évolution de la civilisation, le cancer et les maladies psychiques se sont plus largement développés. Ces deux maladies diffèrent des précédentes dans le sens où elles ne sont pas contagieuses, et il a fallu mettre au point pour répondre à leur développement des méthodes thérapeutiques plus agressives (chimiothérapie antitumorale, radiothérapie pour la première, neuroleptiques et psychotropes pour les secondes).

Le XXe siècle a vu naître de nouvelles maladies liées aux virus et, se développant parallèlement, des maladies dites « de système », appelées *auto-immunes*. Les unes et les autres sont vraisemblablement liées. Cet état de fait est le reflet d'une baisse générale de l'immunité des races civilisées.

Si les thérapeutiques ont été très efficaces et presque radicales pour les maladies infectieuses, elles le sont bien moins pour le cancer et les maladies psychiques, ne pouvant être que palliatives à défaut de curatives. Et les remèdes font presque complètement défaut dans le troisième cas.

Tout se passe comme si les traitements proposés actuellement étaient insuffisants, incomplets ! Il semble que l'on doive en plus faire appel aux propres forces de guérison de l'organisme, par l'intermédiaire de traitements « immunomodulants », qui stimuleront ces forces. Mais, pour cela, il est nécessaire que l'organisme puisse trouver en lui la capacité de répondre aux sollicitations immunitaires des traitements. (On ne fait pas avancer une voiture qui n'a plus d'essence, même si on appuie à fond sur l'accélérateur !…) Or l'organisme de la plupart d'entre nous s'avère incapable de répondre d'emblée correctement à une quelconque stimulation faisant appel à ces forces. Envisager uniquement la maladie en tant que telle sans prendre en compte l'organisme lui-même dans sa globalité, pour l'aider à retrouver la force de lutter contre la maladie, est souvent peu efficace lorsqu'on aborde le traitement des pathologies graves et chroniques.

Un traitement expérimenté depuis le milieu du XXᵉ siècle

Il se trouve que pendant près de cinquante ans, un médecin a appliqué à ses patients un traitement de base qui visait à redonner à l'organisme ses propres forces de guérison. Ce médecin était une femme qui s'était distinguée très tôt de ses confrères par l'approche globale des traitements qu'elle préconisait à ses patients. Le Dʳ Catherine Kousmine a compris qu'il ne pouvait y avoir de résultats réels et durables dans le traitement des maladies de notre époque sans une modification radicale de l'alimentation. Il s'agit en fait d'un retour à l'alimentation saine que nous avons perdue.

Mais si le simple changement d'alimentation permet d'améliorer des troubles fonctionnels peu ancrés dans l'organisme, il ne suffit plus lorsqu'on s'adresse à des maladies graves, évoluant depuis des années. Il faut alors lui associer une série de moyens qui complètent la première démarche. Ces moyens sont simples et logiques et se montrent efficaces à la pratique.

L'ensemble constitue ce qu'on appelle les quatre piliers du traitement du Dr Kousmine, ouvrant la voie au cinquième qui est l'immunomodulation, mais qui ne peut intervenir qu'après plusieurs mois de préparation.

Quels sont-ils?

Les 5 piliers de la Méthode

1er pilier • Une alimentation saine

De nombreuses maladies modernes voient leur accroissement constant en partie à cause des modifications intervenues dans notre alimentation.

Certains aliments indispensables au maintien de notre bonne santé ont peu à peu disparu de notre table: céréales complètes, huiles pressées à froid et riches en acides gras insaturés. Il s'est ainsi créé des carences chroniques au niveau de certaines vitamines (vitamines du groupe B, vitamine F) et en oligo-éléments.

D'autre part, des aliments qu'il n'est pas indispensable de consommer dans de telles quantités ont vu leur consommation se multiplier: protéines animales, sucre, graisses animales responsables de surcharges et également de carences! On sait qu'une alimentation trop riche en protéines et en graisses est responsable de stéatorrhée, provoquant à long terme une fuite de vitamine B12 et de calcium.

2e pilier • *Une complémentation en nutriments*

La première étape consistait à faire preuve de discernement au niveau de l'alimentation afin de la rééquilibrer. Mais une alimentation erronée depuis des années a provoqué dans l'organisme des manques importants nécessitant l'apport supplémentaire de diverses vitamines et oligo-éléments. De plus la maladie pousse l'organisme à un besoin plus important de ces éléments pour lutter contre elle. Il faut donc lui apporter un complément de vitamines et d'oligo-éléments qu'une alimentation seule, même assainie, ne peut plus fournir en quantité appropriée.

3e pilier • *L'hygiène intestinale*

Cette alimentation trop riche en sucre et en protéines a modifié la flore normale de l'intestin et a favorisé le développement d'une flore de putréfaction pathogène, agressive pour l'organisme par les toxines qu'elle contient. Cet état a des répercussions sur l'état général et aggrave les maladies de système en favorisant l'emballement du système immunitaire.

Ainsi, chez un sujet malade, la simple correction de l'alimentation ne suffit plus et il faut avoir recours à des lavements rectaux, geste simple et facile qui se montre très efficace. Ce lavement sera suivi d'une instillation de 60 ml d'huile vierge riche en vitamine F.

4e pilier • *Lutter contre l'acidification anormale de l'organisme*

Enfin, le manque chronique de certaines vitamines et de certains oligo-éléments a, à la longue, provoqué une acidification de l'organisme (par blocage des chaînes du catabolisme au niveau de certains acides, ne pouvant aboutir aux produits terminaux par manque de catalyseurs), fragilisant l'organisme, provoquant une fatigue chronique ainsi qu'une plus grande sensibilité aux infections et exacerbant les phénomènes douloureux.

Afin de gagner du temps et d'augmenter l'impact thérapeutique, la prise quotidienne de citrates alcalins sous forme de poudre permet peu à peu de corriger cette acidification tissulaire.

5e pilier • *La cure de vaccins*

Dans certaines affections particulières, le Dr Kousmine a ajouté ce cinquième pilier qui est la cure de vaccins. Il s'agit d'une technique de déviation des anticorps et d'immunomodulation douce qui s'avère très efficace pour la stabilisation de certaines pathologies rhumatismales et respiratoires.

Voici, schématisée, la base indispensable du traitement, pouvant s'associer à toute autre thérapeutique à visée symptomatique, la rendant beaucoup plus efficace, et permettant d'utiliser des doses plus faibles et un traitement moins long pour un résultat souvent supérieur.

Enlever un seul des quatre piliers, c'est voir la stratégie thérapeutique vouée à l'échec. Les appliquer tous scrupuleusement, c'est augmenter considérablement l'impact de tout traitement associé, c'est raccourcir le temps de la maladie, hâter sa guérison ou sa stabilisation. C'est enfin retrouver un état général et immunitaire qui permet de lutter convenablement contre toute nouvelle agression et d'éviter les rechutes.

Conscience et responsabilité

Il est illusoire de vouloir changer le monde et les autres. Comprendre qu'il faut d'abord se changer est faire preuve de sagesse. Or commencer à mettre de la conscience dans son alimentation est le début d'un changement. C'est se responsabiliser au niveau de sa santé.

Conscience et *responsabilité* doivent devenir les deux mots d'ordre de notre époque en ce qui concerne notre santé. Cette responsabilité d'abord individuelle, par une alimentation et une vie saines, la prise de vitamines et d'oligo-éléments aux changements de saisons pour faire contrepoids aux pressions de la vie moderne (stress, pollutions diverses, alimentation non biologique…), deviendra familiale. Enseigner une alimentation saine à ses enfants, qui préservera leur santé dans le présent et l'avenir, c'est mettre de la conscience dans son sentiment. Enfin seulement cette responsabilité pourra être sociale, collective, permettant de corriger certains agresseurs de notre immunité : polluants, herbicides, colorants, conservateurs, toxiques divers.

Il a fallu que la couche d'ozone qui protège la terre soit sérieusement mise en danger par les aérosols divers pour que des mesures soient prises au niveau collectif. Or nous en sommes là au niveau de notre santé : de nouvelles maladies arrivent, les maladies favorisées par un affaiblissement de notre immunité dont une des principales causes est dans notre comportement général, et dans notre comportement alimentaire en particulier.

Mais l'individu n'est concerné que lorsqu'un cas de maladie grave touche l'un de ses proches, avec lequel il est affectivement lié… c'est ainsi !

Le message du Dr Kousmine est donc d'abord pour le médecin, qui peut faire du système immunitaire un allié dans le processus curatif plutôt qu'un ennemi, et utiliser l'alimentation comme une arme thérapeutique efficace. Il n'en tient qu'à lui. Cela sera vraisemblablement une évidence dans quelques années. Alors Catherine Kousmine est venue trop tôt ? Non, mais comme c'est souvent le cas pour ceux qui portent une idée nouvelle : ils sont peu compris et d'abord combattus.

L'alimentation actuelle

et ses conséquences

Dr Alain Bondil

De jour en jour, nous assistons à un développement exponentiel, vertigineux même, des connaissances. Nous avons la chance de vivre une formidable évolution technologique et scientifique qui, de plus, est relayée par l'internet. En moins d'un siècle, nous voilà passés de l'utilisation du charbon à l'électricité, au nucléaire et à l'ébauche des énergies solaires, de l'automobile à la navette spatiale et, dans le domaine médical, de la découverte des virus et microbes au décryptage du code génétique et aux *cellules souches*.

Nos conditions de vie se sont considérablement améliorées. Nous avons vu disparaître dans nos pays surdéveloppés ces anciens fléaux de l'humanité: la famine et les pandémies dévastatrices. Mais, d'un autre point de vue, ne sommes-nous pas devenus les victimes de notre technologie?

Car dans le même temps, nous voilà confrontés à d'autres maladies sournoises, récidivantes – dites *maladies de civilisation* – de plus en plus difficile à traiter malgré une médecine hautement sophistiquée et aussi très coûteuse !

Il y a là un paradoxe évident que Catherine Kousmine a très bien expliqué par la modification de nos mœurs alimentaires. Le cas de la carie dentaire est exemplaire. Tous les additifs de fluor et autres produits synthétiques ne feront jamais mieux que l'abolition du sucre blanc et le retour à la consommation modérée de sucre complet (voir les travaux du Dr Béguin). Cette pathologie est devenue si banale que non seulement, elle n'est plus considérée comme une maladie, mais elle paraît même inévitable.

Les maladies dégénératives paraissent normales !

Aujourd'hui, qui d'entre nous n'est pas confronté dans sa famille à des personnes atteintes de surcharge pondérale, allergie, asthme, rhumatismes, arthrose, hémorroïdes, varices, fibrome, polype, hypertension… ? Cela ne nous inquiète pas. Il faut vivre avec son temps ! Or, si l'on réfléchit bien, ces maladies ne sont en fait que les signes avant-coureurs de désordres immunitaires qui s'installent et précèdent des pathologies bien plus lourdes : obésité, diabète, infarctus du myocarde, bronchite chronique, polyarthrite chronique évolutive, sclérose en plaques, tumeurs cancéreuses…

De plus, jamais la fréquence de ces maladies dégénératives n'a été aussi élevée. Au point, d'ailleurs, qu'il est pratiquement impossible de constater un décès de mort naturelle, c'est-à-dire de vieillesse.

Fait encore plus inquiétant, nous sommes tous menacés par ces maladies dégénératives, et ce de plus en plus tôt d'une génération à l'autre[1] !

Comment comprendre une telle fragilisation de la race si ce n'est en analysant notre façon de vivre et en admettant de remettre en cause nos comportements ?

Notre corps est formé d'un nombre impressionnant de cellules (10_{12}, soit dix mille milliards) qui sont autant d'organismes vivants autonomes. Chaque cellule est formée :

- d'une **membrane** « *qui en réalité n'en serait pas une, mais seulement une mince double couche de molécules de phospholipides et lipoïdes à tension superficielle moins forte que le reste du protoplasma*[2] » ;
- d'un **protoplasma**, qui se comporte comme une véritable usine chimique. Il reçoit les produits amenés par le sang, la lymphe (éléments nutritifs provenant de la digestion des

---

[1] Voir le cas clinique significatif dans l'encadré ci-après.
[2] Selon le Dr Henri Bernard.

aliments, hormones, mais aussi les médicaments, agents infectieux…), les transforme les assimile et rejette ensuite ses déchets dans le milieu extérieur ;
- d'un **noyau**, siège du haut commandement de la cellule, qui détient le code génétique propre à chacun de nous.

Chaque cellule vit de façon indépendante, mais nécessairement en harmonie avec l'ensemble des autres cellules du corps. Elles communiquent entre elles et échangent des informations, notamment par l'intermédiaire de messages chimiques et des hormones. La santé dépend avant tout de l'harmonie qui doit exister entre chaque cellule et son environnement (le milieu extérieur, les autres cellules qui l'entourent notamment).

La maladie peut donc se comprendre :
- soit comme une *agression depuis le milieu extérieur,* avec effraction de la membrane cellulaire ;
- soit comme un *désordre interne à la cellule,* notamment par impossibilité de s'adapter à son entourage, d'assimiler ou de transformer les substances ingérées. Il s'ensuit un dysfonctionnement avec accumulation dans le protoplasma de déchets devant être neutralisés et éliminés qui, à la longue, fragilisent et perturbent le fonctionnement du système immunitaire.

Cette femme de 50 ans consulte en juillet 1982. Elle a débuté sa maladie en 1955. Elle sera atteinte de cancer en 1978 et subira durant ce temps sept interventions chirurgicales pour des tumeurs de plus en plus volumineuses.

1955 • Kyste dans le sein gauche de la grosseur d'un noyau de cerise – opération – contrôle : tumeur bénigne.

1969 • Nouveau kyste bénin dans le sein gauche, celui-ci disparaît spontanément.

1972 • Kyste dans le sein droit de la grosseur d'un noyau de pêche – opération : tumeur bénigne.

1973 • Ablation d'un kyste bénin dans le sein gauche de la grosseur d'un noyau de pêche.

1975 • Nouveau kyste bénin dans le sein gauche de la taille d'une noix – nouvelle intervention.

1978 • Masse de la grosseur d'un abricot dans le sein gauche – opération immédiate et ablation complète du sein – mastectomie pour cancer.

1981 • Nouvelle intervention pour ablation de neuf ganglions cancéreux à l'aisselle et radiothérapie complémentaire.

Mai 1981 • Bilan complet. État général et examens paracliniques satisfaisants.

Décembre 1981 • Découverte d'une tumeur cancéreuse de l'ovaire gauche et présence de trois ganglions cancéreux sur l'intestin.

Lorsqu'elle consulte, elle est accompagnée de sa sœur cadette qui est censée être en bonne santé. Elles sont trois filles dont le père est décédé à soixante-quinze ans des suites d'un cancer du pancréas. La sœur aînée est atteinte d'un cancer du sein et a subi une hystérectomie totale. Celle qui consulte a eu un cancer du sein, de l'ovaire et deux envahissements ganglionnaires. Malgré une remise en question de sa façon de vivre et de s'alimenter, la sœur cadette, apparemment en bonne santé en juillet, présentera en septembre un cancer du pancréas. Elle décédera avant ses deux sœurs, deux mois plus tard !

Les conséquences du développement industriel sur la santé

L'agression de notre organisme depuis le milieu extérieur commence par les conséquences du développement industriel sur notre environnement :
- l'**air** que l'on respire ;
- l'**eau** que l'on boit ;
- les **aliments** que l'on ingère.

Mais il est impossible de se soustraire aux innombrables conséquences qu'engendre notre technologie. L'essor industriel entraîne la production toujours plus grande de déchets et polluants (faut-il rappeler les boues rouges de la Montédison, le smog de Londres et de Los Angeles, les fumées toxiques de la Ruhr, les transformateurs au pyralène, la dioxine de Seveso, l'accident de Bhopal, l'explosion de l'usine AZF, l'incendie des tours jumelles de New York, la catastrophe de la plate-forme pétrolière de BP dans le Golfe du Mexique, les incidents nucléaires de Three Miles Islands, Tchernobyl… et Fukushima récemment).

Des produits chimiques hautement toxiques sont utilisés quotidiennement et souvent à notre insu : pesticides, herbicides, engrais synthétiques… Or, nous ignorons tout du devenir et des conséquences sur notre santé de ces produits une fois qu'ils sont introduits dans notre corps.

On dénombre ainsi plus de 35 000 molécules pesticides dont les effets secondaires sont loin d'être connus. L'État de Californie, où l'emploi de ces produits chimiques est très répandu, a connu des taux de malformations congénitales, maladies cardiaques, leucémies, cancers… beaucoup plus élevés que les autres États américains. Les autorités fédérales de Californie avaient interdit en 1979 le dibromochloro-propane (DBCP12). Il était prouvé depuis 1974 que ce pesticide est responsable de stérilité et de cancer. Malgré cela, de 1974 à 1979, 3 000 tonnes de ce produit ont continué à être déversées sur les cultures. En 20 ans, plus de 2 millions de tonnes de DBCP12 ont été répandues sur les cultures. C'est dire la difficulté que peuvent rencontrer les responsables de la santé pour faire appliquer leurs directives. Le récent incident nucléaire au Japon en est un bel exemple. On construit des centrales sur des zones sismiques (!) en nous assurant mordicus qu'il n'y a aucun risque, que tout est calculé et largement estimé. Au final, c'est une vague de 23 mètres de haut qui a submergé les digues! La suite est encore en cours. Entre mensonges, omissions, incompétences, on nage souvent dans l'approximatif.

La puissance financière des multinationales, relayée par des appuis politiques judicieux, représente un véritable contre-pouvoir. Toute étude qui pourrait porter atteinte à un produit est systématiquement mise en doute, voire même discréditée. Si l'on voulait s'en convaincre, il suffirait de se rappeler l'exemple de la Thalidomide, du talc Morange et tout récemment du Médiator.

De plus, lorsqu'un produit vient à être interdit en Europe, il est souvent expédié dans les pays du tiers-monde, plus laxistes. C'est le cas avec l'amiante. Il a fallu attendre plus de 50 ans pour faire reconnaître la maladie professionnelle qui en découle. De ce fait, on fait maintenant désamianter en Inde sans précaution… et sans aucun scrupule!

Des réactions chimiques imprévues

Dans le même temps, quantité de levures chimiques; émulsifiants, stabilisants, épaississants, gélifiants (E 400 à 600); colorants (E100); agents de sapidité, exhausteurs de goût, arômes artificiels, antioxydants (E300); conservateurs (E200) et autres produits de synthèse sont utilisés quotidiennement dans les préparations industrielles. Une réglementation a dû être établie pour limiter les substances qui peuvent s'avérer dangereuses, voire même cancérigènes.

Or, il est très difficile de connaître les conséquences exactes de la présence de ces produits chimiques. Les relations de cause à effet sont loin d'être évidentes. Pour un produit incriminé (jaune de beurre, rouge jourdan, bleu tyran…), combien d'autres sont en instance de l'être ou, plus grave encore, insoupçonnés de toxicité. N'est ce pas le cas avec l'Aspartam sur lequel soufflent le chaud et le froid? Qui peut aujourd'hui se dire totalement rassuré à son sujet?

On sait que nombre de molécules chimiques se comportent comme des chélateurs d'oligo-éléments. Or, les oligo-éléments sont, avec les enzymes et vitamines, indispensables à la vie de la cellule. Ils ont pour rôle de permettre d'effectuer rapidement et à la température de 37° seulement des réactions chimiques complexes qui exigeraient dans d'autres conditions des températures impossibles à supporter par un être vivant. Il y a donc ainsi facilitation et accélération des processus chimiques indispensables au bon fonctionnement de notre corps.

Aussi, lorsque ces substances font défaut, les chaînes métaboliques sont bloquées et il en résulte un dysfonctionnement de l'organisme, avec accumulation de composants non assimilés, non dégradés, qui favorisent notamment un état d'*acidose* métabolique responsable, comme on le verra plus loin (chapitre L'équilibre du PH urinaire), de fatigue, de douleurs et de décalcification…

La médecine (sous sa forme *allopathique*) a recours essentiellement aux molécules de synthèse. Cet apport chimique (qui supprime le symptôme gênant sans intervenir sur sa cause) s'ajoute ainsi à tous les autres. Ceci ne peut rester sans conséquence notamment sur un foie fragilisé, surtout si ce traitement doit se répéter quotidiennement et sur des années.

La multiplicité des produits industriels utilisés (35 000 pesticides, 2 000 à 3 000 additifs divers, environ 10 000 médicaments pharmaceutiques) complique la situation et augmente le nombre de réactions possibles. C'est le cas avec les yaourts et boissons lactées enrichis en probiotiques.

Selon les conclusions du responsable du Laboratoires de Virologie de l'Hôpital de La Timone (Marseille), publiées dans la revue scientifique *Nature* de septembre 2009, ces produits censés augmenter nos défenses immunitaires contribueraient, en fait, à l'épidémie d'obésité qui touche les enfants ! En effet, les bactéries seraient les mêmes que celles utilisées depuis longtemps dans les élevages industriels comme « activateurs de croissance » (notamment des cochons et poulets). C'est l'étude comparative de la flore intestinale des obèses et des non-obèses qui a permis de découvrir que les premiers avaient une flore riche en probiotiques que l'on trouve justement dans ces yaourts !

À ceci s'ajoutent encore les engrais, pesticides, herbicides qui détruisent l'humus, pénètrent dans le sous-sol et atteignent les nappes phréatiques. Or, celles-ci sont des réservoirs naturels d'eau saine.

« L'intoxication des eaux de consommation par les nitrates n'a cessé d'augmenter au point que les eaux potables de certaines communes ont des teneurs en nitrates deux fois supérieures à la norme très large de 50 mg/litre admise par l'OMS… Les nitrates, transformés dans le corps en nitrites puis en nitrosamines, sont reconnus comme étant des cancérigènes particulièrement dangereux. Les nitrates proviennent des engrais chimiques utilisés par l'agriculture moderne. » (*Tribune de Genève*, 11 juillet 1984). Cela a-t-il évolué ? Certainement pas dans le bon sens. Ce bon sens, on le cherche quand on entend les arguments des industriels de la pétrochimie évoquer l'intérêt du *gaz de schiste*. Intérêt pour

qui? Au lieu de se résigner à se tourner vers des énergies moins polluantes, une fois de plus, on s'oriente vers des techniques dont on ne maîtrise pas les conséquences. Et toujours avec des arguments rassurants! Mais comme l'avait si bien dit l'un de nos (récents) présidents de la République: « *Les promesses n'engagent que ceux qui y croient!* »

L'eau est indispensable à la vie. Elle représente 70 % du poids de notre corps. (Nos cellules baignent dans l'eau comme des poissons dans la mer). Polluer l'eau, c'est donc intoxiquer la cellule. Ceci est d'autant plus gênant que les eaux des villes sont essentiellement traitées au chlore (désinfection à l'eau de javel). Il en résulte un apport en protéines ambivalentes tantôt acides, tantôt basiques, protéinates de chlore ou chlorure de protéine, qui s'ajoutent aux acides métaboliques produits par le mauvais fonctionnement cellulaire (voir le chapitre sur le contrôle du PH). Le corps devra user d'artifices pour neutraliser ces substances.

La modification de nos aliments perturbe notre fonctionnement cellulaire

Les modifications les plus lourdes de conséquence concernent les huiles et leurs dérivés, « les graisses végétales ». Depuis la Seconde Guerre mondiale les huiles ont été extraites à chaud (sur de la vapeur d'eau à 160 ou 200°). Cela a permis de doubler le rendement et d'extraire environ 70 % des corps gras contenus dans la graine. Les huiles ainsi obtenues sont colorées, d'odeur forte et désagréable. Il est nécessaire de les raffiner et de les désodoriser. Actuellement, par souci de rentabilité, on ajoute un pressage à froid après le mélange de la graine avec un solvant (hexane), ce qui permet de recueillir 100 % des corps gras. On sépare ensuite l'huile du solvant par distillation (voir schéma à la page suivante). L'hexane est un produit volatil, mais il est impossible de le récupérer totalement. Catherine Kousmine, qui avait mis des carottes dans de l'éther pour en extraire le carotène, avait essayé d'éliminer l'éther, produit très volatil, par évaporation sous vide. Or, trois semaines après l'opération, le carotène obtenu sentait encore l'éther. Ces solvants s'intègrent aux corps gras et sont ensuite impossibles à éliminer totalement! Lorsque deux produits sont très solubles l'un dans l'autre, il est quasiment impossible de les séparer ensuite.

Les huiles obtenues au moyen d'un solvant sont plus encore que les précédentes malodorantes et colorées. De plus, elles contiennent des substances impropres à la consommation (cires, mucilages par exemple). Cela justifie des raffinages multiples dont la publicité fait l'éloge. Il s'agit là d'une nécessité mais pas du tout d'un critère de qualité. Le seul avantage de ces méthodes est de produire plus et de vendre ainsi des huiles bon marché.

Huiles mortes et huiles vivantes

Les *huiles mortes* sont sans saveur, sans odeur et se conservent sans aucune précaution dans des bouteilles en plastique ou en verre blanc.

Autrefois, les huiles étaient préparées par pressage à froid, puis décantage et filtrage par procédé physique (sur papier ou tissu) à l'exclusion de tout traitement chimique. On les appelait « *huiles de première pression à froid* ». Ces huiles rancissent et sont altérées par la lumière. Il faut nécessairement les garder dans des bouteilles opaques et les conserver au réfrigérateur une fois entamées. Ces huiles sont *vivantes*. Elles contiennent une proportion plus ou moins grande, selon la graine, d'acides gras polyinsaturés : la « vitamine F ».

Ce sont : l'acide linoléique ; l'acide alpha- et gamma-linolénique[3] ; l'acide dihomo-gamma-linolénique ; l'acide arachidonique.

Les cinq acides gras polyinsaturés sont dits « essentiels » car ils exercent des fonctions vitales chez l'homme. Ils interviennent surtout :

1 • dans la structure et l'étanchéité des membranes cellulaires ;
2 • dans la synthèse des prostaglandines (élément important des défenses immunitaires) mais aussi de la lécithine et de la myéline.

---

[3] L'acide gamma-linolénique existe à l'état préformé dans l'huile d'onagre et de bourrache. Elle est commercialisée dans les magasins diététiques.

Pourcentage d'acide gras (AG) dans les huiles

Tournesol
24 % AG monoinsaturés
65 % AG polyinsaturés
11 % AG saturés

Maïs
27 % AG monoinsaturés
60 % AG polyinsaturés
13 % AG saturés

Soja
22 % AG monoinsaturés
63 % AG polyinsaturés
15 % AG saturés

Pépins de raisin
16 % AG monoinsaturés
72 % AG polyinsaturés
12 % AG saturés

Les huiles d'arachide, d'olive, de colza, beaucoup consommées, sont surtout riches en acides gras monoinsaturés et peu en polyinsaturés.

Arachide
50 % AG monoinsaturés
30 % AG polyinsaturés
20 % AG saturés

Colza
60 % AG monoinsaturés
30 % AG polyinsaturés
10 % AG saturés

Olive
75 % AG monoinsaturés
10 % AG polyinsaturés
15 % AG saturés

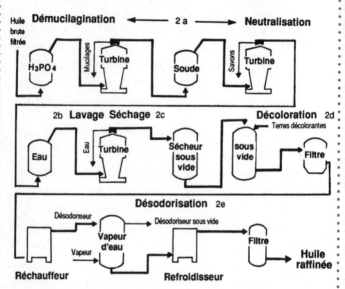

La préparation industrielle des huiles

Démucilagination ← 2 a → **Neutralisation**

Huile brute filtrée — H_3PO_4 — Mucilages — Turbine — Soude — Savons — Turbine

2b **Lavage Séchage** 2c — **Décoloration** 2d

Eau — Eau — Turbine — Sécheur sous vide — Terres décolorantes — sous vide — Filtre

Désodorisation 2e

Désodoriseur — Vapeur d'eau — Désodoriseur sous vide — Filtre — **Huile raffinée**

Vapeur

Réchauffeur — **Refroidisseur**

Il manque dans ce schéma l'addition d'hexane, utilisé comme solvant, qui a lieu au moment du pressage à froid et intervient donc avant les phases montrées ici. D'autre part il n'est pas fait mention des températures auxquelles sont effectuées ces transformations et qui avoisinent 160 à 200 °. Cela intervient sur les modifications en isomères cis et en isomères trans. *Lipides et Santé. Quelles vérités ?* (Éd. Lesieur).

La qualité alimentaire des corps gras est d'autant plus fondamentale que les acides linoléique et linolénique ne peuvent pas être synthétisés par l'homme, qui doit les trouver en quantité suffisante dans son alimentation. Ces acides d'origine nutritionnelle nous sont donc indispensables.

La vitamine F est sensible à l'oxydation

La vitamine F est composée d'acides gras avec de longues chaînes de 18 à 20 atomes de carbone. Ils sont appelés polyinsaturés car ils contiennent au moins deux doubles liaisons (les acides gras monoinsaturés n'en ont qu'une, les saturés aucune).

Mais la présence de ces doubles liaisons dans les acides gras polyinsaturés favorise le phénomène d'oxydation, cause du rancissement de ces huiles. La vitamine E (tocophérol), naturellement présente dans les huiles de première pression à froid, assure l'action antioxydante. Or, lorsque la vitamine E est détruite, les acides gras polyinsaturés sont beaucoup plus sensibles aux réactions d'hyperoxydation déclenchées par la présence de « radicaux libres ». Ces radicaux libres sont des molécules possédant un ou plusieurs électrons de valeur libre, encore appelés « électrons célibataires ». Très instables, ils sont avides de trouver un lieu de fixation, un « partenaire ». L'organisme contrôle et neutralise les radicaux libres par la présence d'enzymes (superoxyde dismutase, catalase, glutathion peroxydase) et par le couple vitamine E et vitamine C. Sans la présence de ces vitamines, les doubles liaisons des acides gras polyinsaturés sont très vulnérables aux radicaux libres.

« L'insuffisance de ces mécanismes est très vraisemblablement impliquée dans le vieillissement et

dans de nombreuses pathologies (ischémie cérébrale, brûlures, cirrhose éthylique, artériosclérose, cancer, inflammation, allergie) » (Pr A. Castres de Paulet, *Lipides et Santé*, Éd. Lesieur).

Or le chauffage des huiles lors de leur préparation industrielle détruit la vitamine E naturelle et nécessite pour stabiliser ces corps gras des opérations chimiques :
• l'adjonction de vitamine E de synthèse ;
• une hydrogénation.

« *En présence d'un catalyseur (zinc ou nickel) et sous une pression de 8 à 12 atmosphères, donc à très haute pression, il y a addition d'hydrogène à la molécule d'acide gras, ce qui permet soit de réduire (hydrogénation partielle) soit de supprimer (hydrogénation totale) l'insaturation d'un corps gras… Dans l'industrie des corps gras, l'hydrogénation des huiles très insaturées permet de les transformer en matières grasses de point de fusion plus élevé et de caractéristiques rhéologiques (consistance) souhaitées, tout en augmentant leur stabilité à l'oxydation. L'élévation du point de fusion résulte non seulement de la diminution de l'insaturation moyenne mais aussi du fait que certaines des doubles liaisons non hydrogénées sont passées de la forme cis à la forme trans* » (Pr B. Entressangles, *Lipides et santé. Quelles vérités ?* Éd. Lesieur, 1987).

Cis-cis   Cis-trans

L'adjonction d'hydrogène modifie fondamentalement la consistance de ces huiles et en fait des matières grasses plus ou moins solides selon le degré de saturation des doubles liaisons. Mais ces matières grasses dites « graisses végétales » ne sont-elles pas des produits totalement étrangers à la nature.

« Dans les corps gras alimentaires naturels, végétaux et animaux (sauf ruminants) toutes les doubles liaisons d'un acide gras polyinsaturé sont de forme cis. Seuls les corps gras ('visibles' ou 'invisibles') issus de ruminants ou partiellement hydrogénés par l'industrie renferment une très faible proportion d'acides gras polyinsaturés dont certaines de leurs doubles liaisons sont de forme trans.

Et aussi à propos des acides gras monoinsaturés, exception faite des matières grasses de ruminants et de celles ayant été soumises à une hydrogénation partielle d'origine industrielle, les isomères trans ne se trouvent pas dans les autres corps gras alimentaires; seuls sont présents les isomères cis » (Pr B. Entressangles, op.cit.).

Le traitement des huiles
modifie leurs propriétés

Il apparaît donc que le traitement industriel des huiles, notamment leur hydrogénation, transforme une partie des molécules cis en molécules trans. Un des éléments de la valeur des huiles tient dans ce détail capital. Les huiles de première pression à froid, de structure cis notamment, seraient vivantes et biologiquement actives par la présence des acides gras indispensables (acides linoléique et linolénique), les corps gras (huile et « graisses végétales ») de forme trans ne le seraient plus. Cette seule rotation dans l'espace de la molécule sur son axe au niveau d'une double liaison suffirait à modifier fondamentalement ses propriétés.

Cette molécule trans n'a plus la configuration spatiale correcte qui lui permet de s'intégrer dans nos chaînes métaboliques. C'est comme si, dans un puzzle, on disposait une pièce à l'envers.

Ces molécules seront donc reconnues comme inadaptées, voire étrangères. Il en résultera certainement une surcharge de l'organisme due à la présence de déchets plus ou moins assimilables et surtout une carence en acide gras indispensable (acides linoléique et linolénique).

○ Les margarines

Les margarines sont obtenues à partir de « ces matières grasses végétales » par émulsion avec 16 % d'eau. Selon l'hydrogénation et donc la saturation de ces « graisses végétales », on obtiendra des produits plus ou moins consistants et de point de fusion déterminé. Présentées comme des produits plus équilibrés que le beurre en acides gras saturés, monoinsaturés et polyinsaturés, ces margarines dites « végétales » ne sont plus un produit naturel. Leur structure est profondément remaniée par toutes ces opérations chimiques ainsi que le rapporte Pascale Gruaz, journaliste à *24 Heures*, dans son article (voir encadré).

○ L'excès de beurre

Le beurre, autrefois produit de luxe, est apparu sur toutes les tables dès le petit-déjeuner. Or, il contient un perméabilisant de la paroi intestinale, « l'acide butyrique », qui dégrade la vitamine E et se transforme aussi en corps neutre, la lécithine. Si notre corps peut supporter l'apport de 20 à 30 g par jour de beurre, la consommation démentielle à laquelle sont arrivés certains (jusqu'à 200 g et plus) ne peut se poursuivre sans conséquence.

En effet, le beurre est présent dans :
• le lait entier : 36 g par litre,
• le lait 1/2 écrémé : 20 g par litre,
• la crème fraîche : 30 g par litre,
• les fromages : 30 g par 100 g environ.

41

Manque de naturel

Article de Pascale Gruaz, *24 Heures,* du 17 juin 1987, Lausanne

Il y a trois ans, un magazine d'information publiait en France un dossier intitulé « *La margarine et le cancer* ». Colère de la Chambre syndicale de la margarinerie, qui décidait d'en appeler à la justice. Mal lui en prit ; il y a un mois, le Tribunal de grande instance de Paris donna raison à l'auteur et condamna les margariniers aux dépens.
Qu'avait donc osé écrire *L'Ère Nouvelle*? Que la margarine est tout sauf un produit naturel.
« *Si votre médecin vous conseille de consommer, de préférence, des margarines, demandez-lui s'il sait comment elles sont chimiquement traitées* », voilà la phrase qui était imprimée sur la couverture du magazine *L'Ère Nouvelle*. Évidemment, à l'intérieur suivait une description précise des différentes étapes de la fabrication des margarines. Les voici :
D'abord, les graines oléagineuses sont battues, décortiquées, moulues et floconnées afin que les matières grasses qu'elles contiennent entrent bien en contact avec le solvant qui permet de les extraire. Ce solvant est, en général, l'hexane, un dérivé du pétrole bon marché, qui présente en outre l'avantage de pouvoir être presque entièrement récupéré après l'extraction. On obtient

alors de l'huile brute. Comme celle-ci contient un certain nombre de substances indésirables (phospholipides, mucilages…), après l'extraction a lieu le dégommage. Cette deuxième opération consiste à chauffer l'huile brute avec de l'eau et parfois de l'acide phosphorique. Les substances à éliminer s'hydratent et il est alors facile de les éliminer par centrifugation. Troisième étape : le raffinage, qui supprime les acides gras « libres » responsables du rancissement. On ajoute à l'huile un mélange de soude et de carbonate de sodium et on brasse le tout. Une fois la réaction chimique obtenue, on procède à nouveau par centrifugation.

Cuite et archicuite

À ce stade, les huiles obtenues peuvent encore être considérées comme naturelles. Mais hélas, elles sont fortement colorées (de jaune foncé à brun) et présentent une saveur peu discrète, aussi est-il nécessaire de les décolorer et de les désodoriser, deux opérations assez brutales. Durant la première, l'huile est mise au contact d'une substance absorbante (argile, terre glaise, charbon) souvent traitée avec de l'acide sulfurique ou chlorhydrique. Durant la seconde, l'huile est chauffée à plus de 200 ° pendant trente à soixante minutes, ce qui a pour effet de réduire presque à néant l'activité de la vitamine E présente dans l'huile d'origine (elle sera rajoutée artificiellement dans le produit final).

Enfin, pour clore le processus reste une toute dernière étape : l'hydrogénation partielle qui donne aux graisses végétales des propriétés physico-chimiques adaptées aux besoins de l'industrie alimentaire (excellente durée de conservation notamment).

La réaction chimique se fait à nouveau à haute température (de 120 à 210 °) en présence d'hydrogène sous pression contrôlée et d'un catalyseur (généralement le nickel).

Le droit d'émettre des doutes

Où le bât blesse-t-il dans tout cela ? Selon le magazine *L'Ère Nouvelle,* qui a compulsé une abondante littérature scientifique, il se forme au cours des traitements chimiques que subissent les huiles destinées à la fabrication des margarines des acides gras dénaturés de configuration « trans » dont on ignore les effets sur les cellules de l'homme.

« Ces nouvelles substances devraient être considérées comme de véritables additifs alimentaires et être surveillées comme telles », écrit *L'Ère Nouvelle.* En gagnant son procès, *L'Ère Nouvelle* a obtenu le droit d'émettre publiquement des doutes sur les qualités d'un produit d'alimentation courante...

Mais aussi dans la viande! Selon les conclusions des professeurs Rampal et Paccalin, aux conférences sur la nutrition de la Faculté de Nice (mars 1985), un steak de 100 g contient de 20 à 40 g de matière grasse animale équivalant au beurre. Et d'ajouter:

« Cette consommation de viande est directement liée à la fréquence des cancers du côlon. Et statistiquement, les pays où la consommation individuelle de matière grasse et de sucre est la plus élevée sont aussi ceux où la fréquence des cancers du sein est la plus forte. »

○ **Les autres modifications importantes concernent:**
  • le sucre;
  • les céréales dont le raffinage a fait disparaître les vitamines et les oligo-éléments.

Le sucre blanc, extrait de la betterave, a remplacé le sucre de canne importé des tropiques. On a de cette façon banalisé la consommation d'un produit devenu très raffiné.

Les céréales ont été blutées, c'est-à-dire décortiquées et privées des enveloppes qui les protègent. Une farine fraîchement moulue perd en quinze jours 50 % de ses vitamines. Au-delà d'un mois toutes ces farines sont des produits morts qui remplissent l'estomac sans nourrir le corps.

Il découle plusieurs conséquences de toutes ces transformations de tous nos aliments.

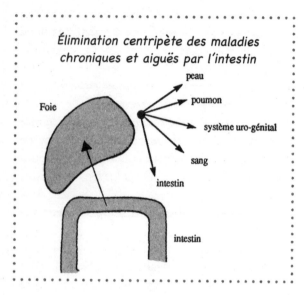

La fragilisation de
la membrane des cellules

La vitamine F intervient pour assurer l'étanchéité des membranes. L'absence des acides gras polyinsaturés favorise une pénétration des agents agresseurs dans la cellule. Pour Catherine Kousmine, ce phénomène serait important surtout au niveau de l'intestin !

La muqueuse intestinale est en effet formée d'une simple et unique couche de cellules. Elle représente grossièrement une surface de 42 m² d'une épaisseur de 25 millièmes de millimètre. Alors que partout notre corps se protège du milieu extérieur grâce à des couches multiples de cellules (la peau, par exemple), au niveau de l'intestin, 25 millièmes de millimètre seulement séparent le sang du milieu extérieur (la nourriture).

Or, l'intestin abrite à l'état normal 100 000 milliards (10^{13}) de bactéries dont une grande partie est pathogène. Il existe donc là un foyer d'infection permanent, qui mobilise à lui seul une bonne partie des défenses immunitaires. La nature, avec son action nettoyante, renouvelle pour cette raison notre muqueuse tous les deux jours. Mais encore faut-il que le corps dispose des matériaux nécessaires.

C'est dire l'importance d'une alimentation saine et complète car notamment l'étanchéité de la paroi intestinale dépendra de l'apport suffisant des acides gras indispensables.

À l'état normal, il existe toujours un faible passage d'agents infectieux depuis l'intestin dans le sang et la lymphe. Tout cela transitera ensuite par le foie pour y être épuré. Le foie se comporte donc comme un filtre destiné à éviter une invasion de l'organisme par des substances indésirables issues l'intestin. Pour ce faire, il éliminera les agents toxiques et infectieux au moyen des émonctoires, dont le but est de décharger les déchets à l'extérieur du corps (peau par la transpiration, poumon par la respiration, système urogénital par les urines et les règles, sang par la circulation, intestins par les matières fécales).

Ces émonctoires sont en fait de véritables « soupapes ». Lorsque le foie sera débordé et lorsque ces émonctoires fonctionneront mal ou plus du tout (suite d'acte chirurgical par exemple), le corps devra nécessairement fabriquer d'autres « soupapes » pour pouvoir survivre. Le processus sournois de la maladie est alors déclenché. Celui-ci aboutira à la maladie chronique et dégénérative si on n'y met pas bon ordre.

Les perturbations
dans la synthèse des prostaglandines

Les prostaglandines sont des substances biologiquement actives qui dérivent des acides gras polyinsaturés. Elles sont fabriquées et immédiatement libérées par la plupart des cellules du corps humain (sauf les globules rouges) dès qu'il y a une stimulation de la membrane cellulaire. Ces substances ont une durée de vie très courte (moins de cinq minutes). On connaît une quinzaine de types de prostaglandines que l'on nomme au moyen d'une lettre (de A à H) selon la formule chimique qui les caractérise et par un chiffre (de 1 à 3).

Le rôle des prostaglandines n'est pas entièrement connu, ni expliqué. S. K. Bergström, B. Samuelsson et J. Vane ont obtenu le Prix Nobel de physiologie et de médecine en 1982 pour leur travail sur les prostaglandines. Cela montre l'intérêt que la communauté scientifique internationale accorde à ces substances. À n'en pas douter les médicaments du XXIe siècle découleront des progrès accomplis dans ce domaine.

Le texte de l'encadré des pages suivantes montre l'importance des prostaglandines dans notre corps. On comprendra donc sans peine que toute altération de la qualité des corps gras (notamment la modification des isomères cis en isomères trans) aura des répercussions différées dans l'organisme. Le déséquilibre ainsi créé va entraîner un effet « boule de neige » dont le Dr Kousmine a très bien mesuré les conséquences. Pour elle, qui étudie depuis quarante-cinq ans les huiles et les maladies dégénératives, tout cela s'inscrit dans une logique implacable. Les maladies peuvent donc se comprendre comme un déséquilibre du système immunitaire, avec en priorité excès de PGE2 et déficit de PGE1.

Les connaissances actuelles, bien qu'incomplètes, permettent d'affirmer un rôle des prostaglandines dans :

1 • L'inflammation

Toute attaque de la membrane cellulaire entraîne la production immédiate de PGE2 puis, dans une deuxième phase, de leucotriènes. PGE2 et leucotriènes dérivent tous deux de l'acide arachidonique. Au tout début de l'inflammation (phase vasculaire), la PGE2 agira sur la microcirculation en favorisant l'œdème, la vasodilatation et l'augmentation en perméabilité des capillaires. Elle interviendra également dans la douleur (action sur les neuromédiateurs des fibres nerveuses) et dans la fièvre. À la phase cellulaire de l'inflammation (inflammation installée) les leucotriènes seront responsables des réactions allergiques et des effets de broncho et de vasoconstrictions.

PGE2 et leucotriènes sont modulés dans leurs actions par la production, à partir de l'acide gamma-linolénique, d'une autre prostaglandine : la PGE1.

Tout à fait logiquement, le Dr Catherine Kousmine a appelé cette PGE2 *prostaglandine de guerre* et la PGE1 *prostaglandine de paix* ! On réalise tout de suite que s'il existe une carence en acides gras indispensables, l'action freinatrice de la PGE1 disparaît, laissant libre cours à la PGE2, qui ne peut plus être régulée. De même qu'il ne peut logiquement exister de moteur sans système de freinage, ainsi PGE2 et PGE1 sont complémentaires dans leur action et interdépendantes.

2 • L'hémostase

Le thromboxane A2 (TXA2) et la prostacycline (PGI2) dérivent de l'acide arachidonique. Ils ont des effets antagonistes. Les plaquettes sanguines produisent le TXA2, qui a un effet vasoconstricteur et agrégant plaquettaire (coagulation du sang).

L'endothélium des vaisseaux, lui, produit la prostacycline, ou vasodilatatrice et antiagrégante plaquettaire (anticoagulante). Lorsqu'il y a une brèche vasculaire, les plaquettes adhèrent immédiatement à la brèche et sécrètent du thromboxane A2 qui favorise la fermeture de cette plaie et arrête le saignement. Autour de la plaie, les cellules endothéliales sécrètent la PGI2 dont l'effet est de limiter l'agrégation plaquettaire et la circonscrire au seul site de la plaie vasculaire. Cette conception de la balance entre les deux antagonistes n'explique que partiellement le phénomène. L'antagonisme TXA2 et PGI2 n'est certainement pas la seule influence qui régit l'hémostase et la thrombose. La PGE1 a un effet vasodilatateur et antiagrégant plaquettaire.

3 • L'appareil gastro-intestinal

Disons simplement que les PGE et PGA sont de puissants inhibiteurs de la muqueuse digestive au niveau de l'estomac et des protecteurs de la sécrétion acide (sucs biliaires, cortison, anti-inflammatoires).

4 • Le système cardiovasculaire

La PGE1 est connue pour avoir une action vasodilatatrice qui complète l'action antiagrégante plaquettaire de la prostacycline.

5 • Le système respiratoire

La PGE1 a une action bronchodilatatrice par opposition à l'effet bronchoconstricteur des leucotriènes dérivés de l'acide arachidonique.

6 • La fonction rénale

Les prostaglandines sont vasodilatatrices et antagonistes du système vasoconstricteur angiotensine II, noradrénaline, et ont une action régulatrice sur la vasopressine (hormone antidiurétique).

7 • L'appareil génital et la fertilité

Les perturbations
du système immunitaire

Tout cela peut se traduire ainsi :

- **Immunité déficiente** : c'est le cas notamment de ces enfants ou adultes constamment malades qui terminent une maladie et en contractent une autre. L'entourage désespère de les voir perpétuellement fragiles et malades. Il devient urgent de leur permettre de reconstituer leurs défenses immunitaires sans lesquelles le processus de la maladie ne fera qu'empirer.
- Lorsque la réaction de défense immunitaire s'emballe, nous assistons à une **immunité exubérante.** Face à un agent agresseur, la réponse immunitaire devient disproportionnée par rapport à l'attaque. C'est la mouche que l'on écrase avec le gant de boxe ! Cela se rencontre dans les allergies, les rhumatismes. Cette situation découle d'un excès de PGE2, avec déficit de PGE1. Le corps met en mouvement des moyens de défense immunitaire qu'il ne peut plus contrôler.
- **Immunité dévoyée ou perverse** que l'on rencontre dans les tumeurs bénignes d'abord, ensuite malignes (cancer). Déjà en 1980, Catherine Kousmine soutenait la thèse que le cancer aide le corps à vivre *(Soyez bien dans votre assiette)* et qu'il était logique de supprimer le besoin du cancer avant de supprimer le cancer lui-même !

- **Immunité aberrante**: lorsqu'un tissu fixe des agents agresseurs, il arrive que l'organisme ne le reconnaisse plus comme partie intégrante de lui-même, mais comme l'agent agresseur. Il est alors considéré comme étranger au corps et à détruire. C'est ce que nous constatons dans les maladies auto-immunes: myopathie, sclérodermie, lupus érythémateux, sclérose en plaques…
- **Immunité perdue**: le sida. Pour le Dr Kousmine, cette maladie s'inscrit dans la suite logique des perturbations immunitaires dues à nos fautes alimentaires. On aboutit ici à l'absence de défenses ou anergie (voir le chapitre sur le sida).

En conclusion, il est donc nécessaire et urgent de modifier notre alimentation et de remettre de l'ordre dans l'organisme. Pour cela, en plus de l'alimentation, nous ferons appel:
- aux lavements intestinaux avec instillation de quatre cuillères à soupe d'huile de tournesol de première pression à froid pour la nuit;
- au contrôle du pH urinaire;
- aux vitamines et médications appropriées à l'état du malade.

La Méthode Kousmine est donc une thérapeutique globale de l'individu et non pas une simple réforme de l'alimentation.

Comment comprendre la maladie « cancer » selon le Dr Kousmine

Face à une agression, l'organisme tente de se débarrasser des agents agresseurs notamment au moyen du foie et des « soupapes » tournées vers l'extérieur, constituées par la peau, les poumons, le système urogénital, le sang et les intestins.

Cet état « centrifuge » est appelé « psore » par les homéopathes, qui considèrent la maladie comme un processus d'élimination de « toxines » depuis l'intérieur vers l'extérieur.

Lorsque l'agression devient excessive et chronique, surtout depuis l'intestin, favorisée aussi par :

- une alimentation riche en beurre et dérivés du beurre, pauvre en vitamine F et en céréales complètes, s'accompagnant souvent de désordres digestifs (diarrhée, constipation) ;
- une intoxication chimique dont les causes sont multiples (alimentation frelatée, conditions de vie, médicaments) ;
- une intoxication psychique par les stress (notre société sait en produire quotidiennement) ;

le corps doit s'équilibrer à tout prix !

Ne pouvant pas éliminer correctement vers l'extérieur, le corps doit alors trouver en lui les moyens de neutraliser les agents toxiques. Il va donc fabriquer une tumeur dont le rôle serait de capter les agents agresseurs avant de pouvoir les détruire.

La tumeur, bénigne d'abord et maligne ensuite, se comporterait donc comme une « poubelle » dans laquelle l'organisme entasse ses déchets. Cet état « centripète » (opposé au précédent) correspond à la sycose des homéopathes, qui regroupe les maladies du système réticulo-endothélial.

Cela permet de comprendre pourquoi on assiste à la reconstruction de tissus cancéreux (métastases) après ablation de la tumeur primitive, si l'on ne modifie en rien les conditions dans lesquelles s'est formé le cancer. Une alimentation correcte est une des conditions essentielles pour que cela ne se produise pas.

Le sida selon le Dr Kousmine

Le sida étant une maladie virale à évolution lente, qui implique un mécanisme de développement totalement différent des autres maladies virales, qui ont une incubation de quelques jours.

Il semblerait, selon ses hypothèses, qu'une fois le virus reconnu, les lymphocytes induisent la production d'anticorps et que ce soit lors d'un autre contact avec le virus, alors que les défenses immunitaires sont faibles, que la maladie se déclare.

La présence du virus lors d'une deuxième contamination serait suivie d'une production massive de PGE2. C'est elle qui déclencherait la mort du lymphocyte et non pas la multiplication du virus dans la cellule !

Cette théorie met en avant l'importance de l'action modératrice de la PGE1 et la nécessité de la vitamine F, mais elle permet aussi de comprendre l'existence des « porteurs sains ».

Les bases
d'une alimentation saine

Dr André Denjean

L a nutrition est le pilier central de la Méthode Kousmine. Sans une bonne nutrition, il y a peu d'espoir de modifier, dans le bon sens, notre système immunitaire, nos défenses ou notre terrain.

Pour se maintenir en bonne santé ou pour guérir, notre corps a besoin d'une certaine quantité de protéines, glucides, lipides, vitamines, sels minéraux, enzymes, hormones, issus des trois règnes : minéral, végétal et animal.

Les conseils du Dr Kousmine sont simples et facilement réalisables pour tous. Depuis quarante ans, ils ont fait leur preuve thérapeutique sur grand nombre de patients stabilisés, améliorés ou guéris de leurs troubles fonctionnels, organiques, dégénératifs.

Les rapports calories/catalyseurs, cru/cuit, diète/nutrition sont particulièrement importants ainsi que l'équilibre chronobiologique, c'est-à-dire les horaires de repas, qu'il est préférable de prendre à heure fixe, déterminés par chacun.

L'importance à accorder à chaque repas

Pour ce qui est du volume des repas, nous aimons cette formule : petit-déjeuner de roi, déjeuner de prince, dîner de pauvre.

○ Le petit-déjeuner royal : la crème Budwig
La recette complète vous est donnée ci-contre.

○ Le déjeuner princier
Nous recommandons de commencer par des légumes frais en salade, panachés, additionnés de sauce crue à base de deux cuillères à café d'huile vierge de première pression à froid (riche en acide gras polyinsaturé sous forme cis-cis). Puis des légumes frais cuits à la vapeur douce le moins longtemps possible pour accompagner viandes, abats, poisson, fruits de mer, œuf, fromage ou légumineuses, en variant chaque jour.

Il est primordial de consommer chaque jour une bonne ration de céréales complètes sous forme de crêpes ou galettes, bifteck de céréales, bouillies, graines ou pain.

Recette de la crème Budwig

• Battre en crème 4 cuillères à café de fromage blanc maigre (de 0 à 20 %) et 2 cuillères à café d'huile de tournesol, de germes de blé ou de lin, garantie de pression inférieure à 45 °. L'émulsion doit être complète ; pour cela l'huile et le fromage seront battus avec assez de vigueur dans un bol avec une fourchette ou alors au mixer.

• Ajouter :
– le jus d'un demi-citron
– une banane bien mûre écrasée ou 2 cuillères à café de miel ou 2 cuillères à café de sucre intégral (Sucanat) ou des fruits séchés
– 2 cuillères à café de graines oléagineuses crues et fraîchement moulues (au choix lin, tournesol, sésame, noix, noisettes, amandes, graines de courge, noix de cajou, etc.)

NB : pour moudre les graines oléagineuses et les céréales, un petit moulin à café électrique est nécessaire, ayant un couteau rotatif suffisamment solide pour supporter l'impact des céréales.

○ Le dîner de pauvre

Il sera pris le plus tôt possible. Il doit être léger, sans viande, conçu selon les mêmes principes que celui de midi. Si l'appétit manque le matin, c'est que le repas du soir a été trop abondant ou pris trop tard. Les personnes sédentaires ont besoin de deux repas par jour, matin et midi, le complément du soir doit être modeste : fruits et yaourt, fruits et oléagineux ou potage de légumes aux céréales accommodé d'une cuillère à café d'huile crue.

Un repas trop copieux le soir peut provoquer des malaises, des ballonnements, des gaz, des difficultés à trouver le sommeil ou un sommeil perturbé de cauchemars. Au réveil : une haleine forte, un enduit beige épais sur la langue, pas d'appétit et le mauvais réflexe est un café qui arrange tout en apparence.

Ces troubles sont très fréquents, chroniquement entretenus, et témoins d'un très mauvais fonctionnement digestif par surcharge alimentaire. Ils sont responsables d'un pullulement microbien intestinal. Ils persistent aussi longtemps que les règles ne sont pas respectées. Ils sont le point de départ et la cause des maladies dégénératives.

Repas de midi

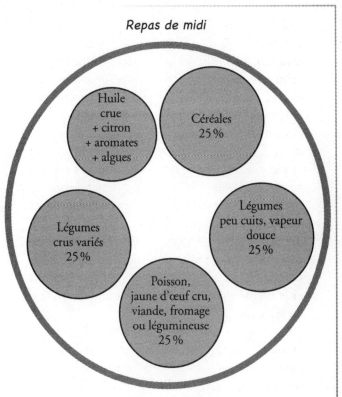

Huile crue
+ citron
+ aromates
+ algues

Céréales
25 %

Légumes
peu cuits, vapeur
douce
25 %

Légumes
crus variés
25 %

Poisson,
jaune d'œuf cru,
viande, fromage
ou légumineuse
25 %

Sauces crues : idées

- 2 cuillères à café d'huile de première pression
- germes de blé
- blé germé broyé
- citron ou vinaigre de cidre
- tamari
- jus de légume fraîchement pressé
- fromage blanc maigre
- aromates frais
- oléagineux moulus
- céréales crues
- eau
- graines de moutarde fraîchement moulues

Repas du soir

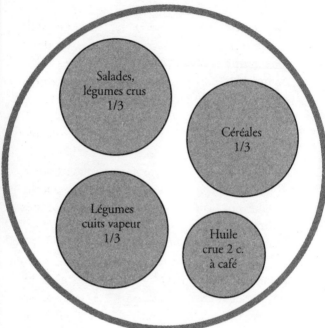

Salades, légumes crus 1/3

Céréales 1/3

Légumes cuits vapeur 1/3

Huile crue 2 c. à café

– Pris tôt : trois heures avant le coucher
– Léger
– Sans viande
– Sans autre protéine animale pour le sédentaire

Si l'appétit manque le matin : alléger le repas du soir :
1 fruit + 1 yaourt ou
1 potage aux céréales fraîchement moulues ou salade de crudités

Les aliments à éviter

- *Pas de conserves:* préférez les aliments frais et biologiques (voir tableau comparatif de la teneur en sodium entre aliments naturels et aliments dénaturés). La conservation des légumes par fermentation lactique est recommandée.

- *Peu de sel:* le besoin journalier est de 1000 mg par personne. Il est comblé par le schéma alimentaire qui vous est proposé sans en rajouter. Toutefois, préférez le sel complet ou la poudre d'algues, qui contiennent de grandes quantités d'autres sels et oligo-éléments, au sodium.

- *Pas de sucre blanc:* le remplacer par le sucre intégral. Le Dr Béguin a étudié et complété les travaux des dentistes Weston Price et Roos. Ses travaux ont été vérifiés par l'Association française d'odontostomatologie préventive. Le Dr Béguin va à contre-courant de la pensée actuelle en matière de prévention de la carie. Le sucre n'est pas cariogène s'il est consommé sous sa forme intégrale, bien au contraire il est un des éléments essentiels dans la prévention de cette maladie dégénérative. L'action du sucre intégral, associé à une alimentation intégrale, est nettement supérieure à l'absorption de fluor en ce qui concerne la prévention de la carie.

- *Pas de bonbons, chocolats, confiseries :* vous pouvez les remplacer par des fruits séchés (figue, raisin, banane, abricot, pomme, pêche, brugnon, poire, datte de toutes origines, etc.).

- *Pas de jus de fruit du commerce, pas de sodas, cocas, boissons sucrées :* rappelez-vous que ces boissons contiennent en moyenne 100 g de sucre blanc par litre et qu'une personne en consomme 500 verres par an. Imaginez à ce rythme se profiler lentement et sûrement diabète, hypoglycémie, caries dentaires et autres maladies carentielles. Consommez des jus de fruit frais.

- *Pas d'alcool, ni tabac :* les médecins en connaissent tous les méfaits et vous aussi. Il ne faut pas compter sur nos gouvernements, l'intérêt financier est trop important pour que l'on se lance dans une véritable campagne antialcool, antitabac. C'est vous-même qui devez prendre cette décision.

- *Pas de substances excitantes et acidifiantes telles que le café, le thé :* elles épuisent à la longue surrénales et pancréas.

- *Pas d'huile du commerce courant :* cela est un point capital dans la méthode qui veut garantir un apport suffisant en vitamine F. Nous conseillons des huiles (tournesol, carthame, noix, germes de blé, lin) de première pression à froid, de graines biologiques non préalablement chauffées. La température, lors de la pression, ne doit pas excéder 30 °. Aucun solvant ne devra être utilisé.

• *Peu de beurre*: 10 à 30 g de beurre cru par jour et par personne sont tolérés. Pas de margarine de synthèse. Pas de margarine garantie à base d'acides gras non hydrogénés: dans leur composition y sont adjointes des graisses de palme riches en acides gras très saturés. Pour tartiner vous pouvez fabriquer du beurre de noisette, de noix, etc. Il suffit de moudre ces graines et d'y ajouter très peu d'eau de manière à obtenir une pâte à tartiner.

• *Pas de pain blanc, ni de pain complet non biologique*: le pain blanc est pauvre en vitamines B et E et en fibres très utiles au transit. Le pain complet non biologique contient les insecticides et pesticides qui sont présents dans le son. Utiliser à la place toute la gamme de céréales complètes et biologiques (riz, blé, seigle, avoine, orge, millet, sarrasin, maïs, épeautre).

• *Peu de biscuits, pâtisseries du commerce*: apprendre à les faire à partir de farines fraîchement moulues, sucre intégral, miel, oléagineux, fruits séchés.

En ce qui concerne le lait, les fromages, les graisses animales, ne pas dépasser 40 g de graisse par jour en sachant que :

- 1 dl de lait en contient 36 g
- 100 g de fromage 28 g
- 100 g de crème fraîche 35 g
- 100 g de bœuf 20 g

Cela limite donc l'emploi de ces aliments.

- *Les protéines animales* : viande, poisson, œuf, lait, doivent être d'excellente qualité nutritive et légèrement cuits en préférant des cuissons à basses températures.

  La qualité de la viande est un point délicat car elle dépend de la nutrition de l'animal. Il est intéressant de noter que la couleur de la viande de veau est rouge et non pas blanche.

  La cuisson des protéines animales rend l'aliment acidifiant pour nos humeurs, il est donc conseillé de très peu cuire et d'utiliser la cuisson à la vapeur douce, type couscoussier. Les grillades sont à éviter. Consommer la viande saignante, le poisson rosé à l'arête, l'œuf cuit à la coque ou cru mélangé à vos céréales. Choisissez les fromages blancs maigres à 20 % et crus, peu salés.

- *Les légumineuses* : riches en protéines, elles sont très bien digérées après avoir subi la germination. Elles seront cuites à la vapeur douce.

Alimentation intégrale	
Remplacer	**Par**
Jus de fruits du commerce, sodas, cocas, boissons sucrées	Jus de fruits frais
Sucre blanc	Sucre intégral
Bonbons, chocolats	Fruits séchés naturellement, miel/pollen, oléagineux fraîchement décortiqués
Farines blanches et vieilles de 10 jours, semoules, flocons	Farines complètes, biologiques, fraîchement moulues
Pâtisseries (sucre, margarine, beurre)	Galettes à la farine fraîche et complète avec miel cru, fruits oléagineux entiers ou fraîchement moulus
Pain blanc	Pain complet de farine fraîche et biologique
Sel blanc	Sel complet ou poudre d'algues
Conserves (sel)	Légumes frais biologiques non traités, non ionisés
Huiles du commerce, margarine, graisse végétale	Huiles crues pressées à froid
Lait, fromage, excès de graisse, crème	Ne pas dépasser 30 g de beurre cru par jour
Viande, œuf, poisson, légumineuse	Une fois par jour, à midi, très peu cuire (à la vapeur), faire germer les légumineuses avant de les cuire à la vapeur
Cuisson : friture, bouilli, micro-ondes	Peu cuire ses aliments et à la vapeur douce : cela conserve goût et propriétés vitales

Privilégiez les aliments biologiques

En conclusion: privilégiez la qualité de l'aliment plutôt que la quantité. Achetez vos produits frais dans des coopératives d'aliments biologiques. Il en existe partout en France. Vous n'ignorez pas la nocivité de tous les produits de synthèse utilisés dans l'agriculture, dans la conservation des aliments frais. Exigez des produits sains, sans engrais de synthèse, sans traitement après récolte et si possible cultivés sur un sol d'après les modes de culture dite agrobiologique.

Recherchez les huiles riches en acides gras polyinsaturés, de pression inférieure à 30°, les viandes provenant d'élevage biologique sans traitement antibiotique, les labels biologiques.

Comment utiliser les céréales

Galettes ou crêpes de sarrasin, riz, seigle, orge, blé, maïs

Moudre la céréale à l'aide d'un moulin à céréales ou d'un moulin à café. Ajouter à la farine un peu d'eau et de sel, des herbes aromatiques, des amandes ou des raisins secs, pour obtenir la consistance d'une pâte pour galettes ou plus liquide pour les crêpes. Cuire dans un gaufrier ou une poêle qui n'attache pas (revêtement de poudre de calcite).

Céréales telles quelles en graines

Faire tremper les graines entières dans deux fois et demie leur volume d'eau, les graines se ramollissent en absorbant l'eau. 4 heures pour le sarrasin, 6 à 8 heures pour le millet, 12 heures pour le blé, le seigle et l'orge, 24 heures pour le riz. Faire cuire 10-20 minutes à la vapeur, sans oublier de les rincer auparavant. Servir avec des légumes en y ajoutant les goûts désirés (safran, cumin, jus de légumes).

Bifteck de céréales

Passer les mêmes graines ramollies à la moulinette et ajouter au choix aromates, herbes, fromages… leur donner forme et passer à la poêle, si possible sans graisse ou avec très peu d'huile.

Graines germées

Crues, à mélanger à vos salades. Il est bon de faire des cures périodiques de quatre semaines. Compter deux cuillères à café par personne.

Pain de ménage

Prendre 500 g de farine fraîchement moulue, 50 g de levure de bière, 1 c. à café de sel marin. Délayer la levure dans une demi-tasse d'eau tiède, ajouter un peu de farine jusqu'à obtenir une pâte épaisse. Laisser à un endroit chaud (± 20 °, ou au soleil) jusqu'à ce que la masse double de volume. Mélanger ce levain à la farine, au sel et à l'eau et pétrir le tout pendant 20-30 minutes. Abandonner la pâte couverte d'un linge dans un endroit chaud jusqu'à ce qu'elle double de volume, puis repétrir pendant 10 minutes, mettre dans un moule à cake, recouvrir d'un linge et laisser lever encore pendant 30 minutes. Préchauffer le four à 250 ° et régler la température sur 175 ° au moment d'y introduire la pâte. Cuire 45 minutes. En sortant le pain du four, en badigeonner rapidement la surface avec un pinceau trempé dans l'eau froide afin que la croûte ne devienne pas trop dure.

Potage de céréales bouillies
Ajouter les céréales fraîchement moulues au potage et cuire quelques minutes.

* * * * * * * * * * * * * * * *

Lait cru ou lait UHT ? Jugez vous-même.

Voici l'expérience qui nous a été rapportée par le Pr Blanc au Congrès Kousmine 1988.
Deux lots de huit rats :
• Le premier nourri au lait cru A.
• Le deuxième nourri au lait UHT B.

On leur provoque une infection par absorption d'un million de salmonelles vivantes et pathogènes :
• Le lot A résiste sans faire de pathologie. On ne retrouve pas de salmonelles dans leur rate.
• Le lot B fait une infection mortelle au 6e jour et l'on retrouve des salmonelles vivantes dans la rate.

Exemple de cure en cas de maladie

En cas de maladie, les conseils seront les mêmes, mais les « peu de » seront remplacés par « pas de ». Il sera bon, selon la gravité de votre maladie et avec l'avis de votre médecin, de commencer par une cure de vingt et un jours en trois étapes. Cette cure sera reprise au début de chaque poussée sévère de la maladie traitée.

❍ **Première semaine**
Il faudra se nourrir de fruits frais et crus en petite quantité, de jus de fruits fraîchement pressés en plusieurs repas. Chaque bouchée sera longuement mastiquée. Chaque soir un lavement intestinal sera pratiqué et suivi d'une instillation d'huile riche en vitamine F (voir le chapitre sur l'hygiène intestinale).

❍ **Deuxième semaine**
Trois repas seront répartis dans la journée. Ils seront composés d'aliments crus uniquement. Fruits frais, jus de fruits, fruits séchés, graines oléagineuses, céréales moulues et crues, miel, pollen, jaune d'œuf cru, fromage blanc maison, yaourt maison au lait cru demi-écrémé, lait cru, huiles vierges, légumes crus.

Voici une base de menu quotidien.

- *Petit-déjeuner :* crème Budwig et 150 g de fruits.
- *Déjeuner :* légumes crus additionnés d'huile et d'une cuillère à café de céréales moulues et crues, fromage blanc maison ou deux jaunes d'œuf crus.
- *Dîner :* deux cuillères à café de pollen, deux cuillères à café de miel, quelques noix ; ou un fruit + un yaourt et une cuillère à café d'huile ; ou un fruit et quelques oléagineux.

○ **Troisième semaine**

On ajoutera une fois par jour des céréales cuites et des légumes cuits. Les deux mois suivants on conseillera un régime sans viande selon les règles de base précises.

Les maladies chroniques et dégénératives font suite aux pathologies fonctionnelles longtemps négligées telles que les troubles digestifs, les troubles urinaires, les infections à répétition, etc. Ces troubles fonctionnels sont liés, d'une part, à un mauvais équilibre alimentaire dû à l'excès de calories et à l'insuffisance en oligo-éléments, d'autre part, à la dénaturation de ces aliments.

L'homme moderne doit comprendre ces règles alimentaires simples et choisir de préserver sa santé au lieu d'user son capital héréditaire.

Teneur en sodium d'aliments frais et d'aliments traités (mg/100 g)

bifteck	60	steak surgelé	1300
filet de porc	290	saucisse	1100
poulet	50	lard	680
saumon frais	48	saumon fumé	520
carrelet, sole	80	sardine à la tomate	400
huître	73	coquille Saint-Jacques surgelée	206
chou	20	choucroute	750
asperge	2	asperge conserve	240
tomate	3	ketchup	1040
pois		pois en conserve	230
cacahuète	5	beurre de cacahuètes	600
pomme de terre	3	frites	1000
oignon	10	oignon au vinaigre	1420
potage légumes salé au goût	60	potage légumes en conserve	400
pop-corn nature	3	pop-corn salé	1940
farine de blé complète	2	biscuits salés	670
farine de blé blanche	2	biscuits sucrés	1680
germes de blé	3	levure	1080
riz blanc	1	riz soufflé	360
lait de vache entier	50	fromage crémeux	700
lait maternel	16	conserves bébé	300

Analyse comparée des trois sucres pour 100 g, selon les travaux du Dr Béguin

	Sucre complet	Sucre brut	Sucre blanc
Saccharose	74-92 g	96-97 g	99,6 g
Glucose	2-11 g	0-1 g	0
Fructose	3-12 g	0-1 g	0
Protéine	0,4-1,1 g	0	0
Sels minéraux	1500-2900 mg	260-500 mg	30-50 mg
Potassium	600-1100 mg	15-150 mg	3-5 mg
Magnésium	100-180 mg	13-20 mg	0
Calcium	50-170 mg	75-95 mg	10-15 mg
Phosphore	14-80 mg	3-4 mg	0,3 mg
Fer	3-5 mg	0,5-1,3 mg	0,1 mg
Vitamines			
• Provit. A	3,9 mg	0	0
• B1	0,14 mg	0,01	0
• B2	0,14 mg	0,006	0
• B6	0,4 mg	0	0
• Nicotinamide	0,2 mg	0,03	0
• Pantothénate	1,2 mg	0,02	0
• Vitamine C	38 mg	0	0

Le rôle des vitamines et des oligo-éléments dans l'organisme

Dr Luc Moudon

Les vitamines

Les vitamines, ou amines vitales, recouvrent l'ensemble des molécules indispensables aux fonctions vitales. Pour certaines, l'organisme ne peut pas en faire la synthèse, et elles doivent par conséquent être trouvées dans des apports alimentaires externes. Ces substances sont indispensables aux réactions biochimiques du corps, oaù elles agissent en tant que catalyseurs de réactions bien précises, chaque vitamine ayant un rôle déterminé.

La différence entre les vitamines et les hormones réside dans le fait que les hormones peuvent être synthétisées par l'organisme, et non les vitamines. Dans ce sens, il existe une dépendance de l'organisme face à son environnement alimentaire.

On peut regrouper les vitamines en deux classes :
- *les liposolubles* (solubles dans les graisses) : A, D, E, F, K.
- *les hydrosolubles* (solubles dans l'eau) : C, l'ensemble du groupe B, nicotinamide, acide folique, acide pantothénique, choline, inositol, les flavones, etc.

L'importance des vitamines dans les sources alimentaires a été reconnue progressivement au fil des siècles, spécifiquement pour chaque sous-groupe.

Au niveau des symptômes cliniques, les premières observations remontent à l'Antiquité. Des descriptions plus précises, comme celle de la déficience en vitamine C et son traitement, datent du Moyen Age. Cependant, ce n'est qu'à partir des années cinquante, avec les développements de la biochimie, que l'on a compris les mécanismes biochimiques précis de ces substances, et que l'on a pu décrire leurs structures moléculaires. Finalement, ce n'est que dans les dix dernières années que nous avons pu mesurer précisément les teneurs en vitamines des différents aliments, et leurs concentrations dans le sang, mettant en évidence les différents problèmes d'absorption intestinale de ces substances. En effet, si les vitamines du groupe hydrosoluble sont facilement absorbables par l'intestin, les vitamines liposolubles requièrent l'intégrité des fonctions d'absorption intestinale spécifiques aux corps gras. De cette manière, on a pu identifier des avitaminoses par malabsorption, notion relativement récente.

Les teneurs alimentaires en vitamines sont minimes et sont habituellement mesurées en milligrammes. De plus, les sources alimentaires considérées comme traditionnelles pour certaines vitamines ont diminué récemment (pauvre concentration en vitamine C dans les fruits mûris artificiellement, dans les légumes conservés ou dans les huiles alimentaires produites « à chaud », faibles en vitamines E et F, pour ne citer que ces trois exemples). D'autre part, l'apparition d'agents conservateurs, et surtout de polluants utilisés comme engrais ou simplement présents dans notre environnement « moderne » diminuent l'absorption intestinale de certaines vitamines ou leur utilisation correcte par l'organisme. Ce sont là deux remarques fondamentales dans l'évaluation des dosages thérapeutiques des avitaminoses cliniques ou subcliniques.

Nous allons décrire ici de façon succincte la fonction de chaque vitamine, mais il faut garder à l'esprit le fait que, tant pour les vitamines que pour les oligo-éléments, nous sommes en présence d'un réseau intriqué: par exemple, la carence d'une vitamine pouvant être compensée par la présence ou l'excès d'une autre (la vitamine C a des fonctions multiples), ou l'importance de la présence d'un oligo-élément dans la fonction d'une vitamine et réciproquement (vitamine E et sélénium).

Les excès ou surdosages en vitamine ont été décrits pour les vitamines A et D ; il ne semble pas exister de surdosage pour les autres vitamines. Cependant, on a décrit une dépendance de l'organisme à des surdosages en vitamine C et une diminution des récepteurs cellulaires à la vitamine C en cas de surdosage à long terme. Il semble donc logique, pour certaines vitamines spécifiques (surtout du groupe hydrosoluble), de varier le dosage au fil des semaines. Il faut en plus considérer le fait que certaines vitamines du groupe B sont produites par la flore intestinale du gros intestin.

Vitamines liposolubles

○ **Vitamine A**

Sous le terme de vitamine A, on regroupe l'ensemble des rétinoïdes, au nombre d'une cinquantaine, dont la structure biochimique est très semblable, et dont trois seulement sont particulièrement importants : le bêta-carotène (précurseur), le rétinol, l'acide 13-cis-rétinoïque.

Le bêta-carotène se trouve principalement dans les végétaux, et s'oxyde au niveau du foie pour se transformer en rétinol.

On le trouve dans beaucoup de légumes verts (épinards, laitues, choux-fleurs, etc.) et dans les tomates, les carottes et les courges. L'excès de bêta-carotène donne une coloration orange à la peau.

Le rétinol se trouve principalement dans les aliments d'origine animale, huile de foie de morue ou de flétan, jaune d'œuf et abats (foie, testicules, moelle osseuse, etc.).

La fonction de la vitamine A n'est pas encore entièrement comprise : au début, on a associé la vitamine A à la seule fonction de la vision, puisque les pigments rétiniens sensibles à la lumière doivent forcément trouver leur précurseur dans le rétinol. C'est la raison pour laquelle on a décrit des améliorations de la vue en relation avec l'ingestion de carottes ou de tomates. Ce n'est que récemment que l'on a décrit l'importance fondamentale de la vitamine A dans la maturation et la différenciation des cellules, d'où son importance au niveau des tissus à haute reproduction cellulaire (tous les épithéliums, cellules sanguines rouges et blanches – d'où son importance dans la fonction anti-infectieuse –, cellules germinales mâles et femelles, tissus de réparation, fibres, cartilage de croissance…).

Au niveau pathologique, la vitamine A joue un rôle dans la maturation des cellules cancéreuses, les cancers les moins différenciés et les plus agressifs étant les plus sensibles à la vitamine A. Dans ce sens, cette vitamine a été décrite récemment comme un anticancéreux majeur. Finalement, en usage externe, la vitamine A a un rôle de nettoyage de la peau en diminuant la couche cornée.

On comprend actuellement l'importance capitale de la vitamine A à tous les stades de la vie, de la croissance à la prévention des cancers. Cette vitamine étant soluble dans les graisses, elle nécessite un processus d'absorption intestinale similaire à celui des graisses : ainsi, même si la prise alimentaire de cette vitamine est correcte, son taux dans le sérum peut être abaissé. Prise en excès, elle peut être toxique pour le foie où elle s'accumule, bien que cette notion ait été discutée récemment.

Les besoins en vitamine A se situent entre 5 000 et 25 000 UI par jour. Dans certaines situations pathologiques, des doses supérieures ont été très bien tolérées (sous contrôle médical).

○ **Vitamine D**

Le calciférol est la vitamine des os, et sa carence provoque le rachitisme chez l'enfant, l'ostéomalacie chez l'adulte. Le métabolisme de la vitamine D est complexe : il nécessite l'intégrité de la fonction de nombreux organes (intestins, seins, peau et exposition aux ultraviolets) en plus de sa présence dans l'alimentation. De plus, son action est coordonnée avec le métabolisme du calcium, du phosphore et du fluor.

Les sources alimentaires se trouvent en quantité négligeable dans les végétaux, sauf dans le cacao, et comprennent principalement les huiles de foie de poisson (flétan, morue, saumon), la chair de l'anguille, du thon, de la sardine et le foie de porc et de bœuf.

D'autre part, cette vitamine nécessite une fixation par l'intermédiaire de la peau, qui s'effectue par la préformation de précurseur de la vitamine D ou d'une graisse dérivée du cholestérol dans la forme active de la vitamine D. On ne surestimera jamais assez l'importance de l'exposition de la peau au soleil surtout dans les mois d'hiver.

Les fonctions de la vitamine D se rapportent principalement au squelette, avec une action directe sur les cellules osseuses et indirecte par le métabolisme du calcium, du phosphore et du fluor.

Le manque de vitamine D se traduit par le rachitisme (retard de croissance, irrégularité au niveau des os, âge osseux retardé, retard de développement dentaire, caries dentaires, fatigues, etc.) chez l'enfant, et chez l'adulte, une déminéralisation des os sous forme d'ostéomalacie.

Les besoins en vitamine D sont estimés de 200 à 400 UI par jour, et sont particulièrement importants pendant les mois d'hiver et pendant les périodes d'allaitement.

On évite de donner de la vitamine D dans les cas de calculs rénaux, d'excès de calcium dans le sang ou dans les urines, d'hypertension artérielle.

○ Vitamine E

L'alpha-tocophérol est un antioxydant majeur, qui a été décrit il y a une cinquantaine d'années comme la vitamine de la fécondité, par son action au niveau des cellules germinales, mais dont l'importance devient très claire comme vitamine « de prévention du vieillissement » ! Cette action antioxydante nécessite la présence de sélénium.

Les radicaux libres ou peroxydes sont des graisses « superoxydées », dont la teneur en oxygène est particulièrement haute. Ces graisses sont conservées à l'intérieur des cellules, leur concentration moyenne augmente avec l'âge, et sont particulièrement toxiques. Une des actions, sinon l'action principale de la vitamine E, est de catalyser ces graisses et de les éliminer. C'est par cette action qu'on lui attribue communément la capacité de prévenir le vieillissement. Cependant, cette propriété a des conséquences plus générales sur la fonction des différents organes et des différentes glandes de l'organisme.

Les sources alimentaires de la vitamine E se trouvent principalement dans les céréales complètes et les huiles végétales (tournesol, lin, pépins de raisins, etc.) dont la pression a été faite à froid. Cette notion est essentielle vu la sensibilité de l'alpha-tocophérol à la chaleur. Les sources animales en vitamine E sont, dans l'ensemble, négligeables.

La fonction des tocophérols, principalement sa propriété antioxydante, s'exerce au niveau de l'ensemble des cellules de l'organisme. Le foie, les muscles, le tissu conjonctif et la peau sont particulièrement concernés, de même que les glandes sexuelles. Traditionnellement, on utilise la vitamine E dans les cas de stérilité masculine ou féminine, dans les troubles du tissu conjonctif, de la cicatrisation des muscles ou de la peau. On a décrit, en plus, l'importance de la vitamine E dans le cadre de l'artériosclérose, des troubles de croissance, des maladies auto-immunes, etc. Cette vitamine est très populaire, aux États-Unis, en tant qu'agent de retardement du processus de vieillissement.

Les besoins quotidiens sont très controversés. Personnellement, je demeure persuadé que des doses de 300 à 700 mg par jour sont nécessaires à l'équilibre harmonieux des fonctions cellulaires du corps.

La toxicité des tocophérols n'a pas été décrite.

○ **Vitamine F**
Sous le nom de vitamine F, on regroupe une série d'acides gras polyinsaturés, dont les trois principaux sont les acides linoléique, linolénique et arachidonique. Ces acides ont une configuration cis ou trans dans l'espace, soit deux formes en miroir : les formes cis sont très favorables biochimiquement, alors que les formes trans ont été décrites comme potentiellement toxiques. Leur

importance fondamentale a été décrite dans les années cinquante par le Dr Kousmine, mais ce n'est que récemment que les travaux biochimiques ont démontré leur rôle dans l'immunité. En effet, les trois acides décrits ci-dessus, de forme cis, sont des précurseurs des prostaglandines, hormones cellulaires essentielles pour les défenses du corps. Il faut souligner que la notion de système de défenses du corps inclut, outre les infections virales ou bactériennes, la défense contre les processus d'atypie cellulaire, dont les cancers.

Les sources alimentaires de la vitamine F sont principalement les graines oléagineuses et les huiles de première pression à froid dérivées de ces graines (tournesol, lin, onagre, bourrache). Il est essentiel que ces huiles soient pressées à froid en raison de la détérioration de la vitamine F par la chaleur.

La fonction de la vitamine F n'est à ce jour pas tout à fait comprise. Il est certain que les formes cis sont les plus importantes et on a même suggéré que les formes trans seraient toxiques pour l'organisme. Les acides linoléique, linolénique et arachidonique agissent en précurseurs des prostaglandines, hormones cellulaires fondamentales dans le maintien de l'immunité. Ils ont aussi un rôle majeur au niveau des membranes cellulaires (en relation avec la perméabilité de ces membranes). Bien que l'ensemble des fonctions de ces acides ne soit pas encore totalement élucidé, il est donc clair que leur rôle biochimique est fondamental dans l'immunité. Il faut relever que les acides gras libres de la vitamine F requièrent les processus intestinaux d'absorption des graisses. Apparemment, ces acides sont en compétition avec les graisses animales, pour l'absorption intestinale, s'ils sont ingérés durant le même repas. Cette notion semble fondamentale puisqu'une alimentation riche en huiles susmentionnées peut ne pas avoir d'effet métabolique par malabsorption de cette vitamine F, mise en compétition au niveau de l'intestin avec des graisses animales.

La consommation minimum en vitamine F est de 25 à 30 g par jour, et doit être augmentée dans les cas de déficience de l'immunité, la prévention et la période des processus de vieillissement. Sa toxicité n'a pas été décrite. Les signes cliniques de manque de vitamine F sont classiquement une « peau d'éléphant », ou l'absence d'une peau soyeuse, d'abord aux extrémités inférieures, dans le dos, puis sur l'ensemble du corps ; la diminution de l'immunité touchant les sphères habituellement exposées (ORL, respiratoire, urogénitale).

○ Vitamine K

Cette vitamine est en relation avec la coagulation (k pour koagulation) et a des propriétés antihémorragiques. On distingue sept sous-groupes, dont trois seulement sont importants.

Les sources alimentaires se trouvent dans les plantes supérieures, les bactéries, les poissons et dans le foie des animaux. On la rencontre aussi dans les céréales germées, l'huile de soja, le blé, les carottes, etc.

La fonction de la vitamine K est centrée sur la coagulation, au niveau de la prothrombine. L'avitaminose K est en général en relation avec des problèmes hépato-biliaires : hépatite, cholécystite, fistule biliaire, etc.

La vitamine K étant présente dans de nombreuses sources alimentaires, c'est sa mauvaise absorption qui causera un syndrome de trouble de la coagulation. Si ce problème était important avant la découverte de la vitamine K synthétique injectable, ce manque de vitamine semble actuellement ne présenter aucun problème majeur.

Vitamines hydrosolubles

○ **Vitamines B1**
La thiamine, dont la carence a été mise en relation avec la maladie du « béribéri » («j'ai soif »), est une vitamine dont l'importance est actuellement bien démontrée.

Sources alimentaires : ce sont principalement les levures, les céréales complètes, dont le riz complet, et le jaune d'œuf. Cette vitamine est sensible à la chaleur et la cuisson diminue l'apport alimentaire de la vitamine B1.

Fonctions principales: c'est principalement celles du métabolisme des sucres, mais aussi, dans une moindre mesure, le métabolisme des graisses et des protéines. Les cellules nerveuses ont pour source principale d'énergie le sucre, d'où l'importance de la thiamine dans leur métabolisme. La vitamine B1 est aussi essentielle à toutes les cellules du corps car elles ont toutes besoin de métaboliser les glucides (sucre) comme source énergétique.

Les besoins en vitamine B1 sont de 2 à 5 mg par jour, mais parfois une consommation de 10 à 20 mg semble désirable (sous contrôle médical).

Les carences en vitamine B1 donnent des syndromes de fatigue musculaire, de polynévrite avec engourdissement des membres, trouble de l'attention et de la mémoire. On a remarqué que l'alcool inhibe l'utilisation de la thiamine, de même que la consommation de tabac. Dans les maladies mentales majeures, de fortes doses de thiamine n'ont pas changé le cours de la maladie.

○ Vitamine B2

La riboflavine confère la couleur jaune caractéristique à l'urine, d'où son nom (flavus = jaune). Cette vitamine est extrêmement sensible à la lumière, puisqu'elle se dégrade en moins d'une heure après une exposition à la lumière.

La fonction de la riboflavine est principalement dans les mécanismes de respiration cellulaire et d'oxydation des aliments. De ce fait, elle est indispensable à la croissance des tissus, et principalement aux tissus à fort renouvellement cellulaire, soit les muqueuses, les tissus épithéliaux et les cellules d'origine sanguine. Cette vitamine participe aussi aux mécanismes biochimiques de la vision.

La source alimentaire de la riboflavine est principalement le lait; on l'appelait d'ailleurs lactoflavine. Cependant, on la trouve aussi dans le foie de bœuf et de porc, dans les germes de blé et dans la levure de bière.

Les besoins spécifiques en riboflavine sont minimes, de 2 à 3 mg par jour.

Les carences en riboflavine se traduisent par des inflammations épithéliales, surtout au niveau des lèvres, de la langue, de la conjonctive des yeux. Si son activité est essentielle à l'ensemble des cellules du corps, par son rôle dans les processus de respiration cellulaire et d'oxydation des aliments, elle n'a pas d'action spécifique sur un organe précis.

○ **Vitamine B5**
L'acide pantothénique a reçu son nom en raison de sa présence dans toutes les cellules vivantes. Il fait partie du coenzyme A, d'où son rôle essentiel dans le métabolisme énergétique, la synthèse des graisses et du cholestérol et la production

des hormones stéroïdiennes (cortisol, etc.) et sexuelles.

Les sources alimentaires de la vitamine B5 se trouvent principalement dans les œufs de poisson et dans la gelée royale. Cette vitamine est synthétisée dans la plupart des cellules vivantes d'où les rares déficiences décrites.

La fonction de cette vitamine est essentielle dans la synthèse des lipides, du cholestérol, des hormones de l'inflammation et sexuelles, ainsi que dans le métabolisme énergétique. On retrouve cette vitamine en haute dose dans le tissu nerveux central, d'où les descriptions de fatigue, insomnies, perte de mémoire en relation avec des carences supposées. Les carences manifestes en vitamine B5 se traduisent par des douleurs abdominales, des crampes, des syndromes de pieds brûlants, perte de cheveux, etc.

○ **Vitamine B6**
Sous le nom de vitamine B6, on désigne trois formes biochimiques apparentes, dont la pyridoxine est la principale. Cette vitamine est fondamentale à l'ensemble du métabolisme des protéines, à la synthèse des acides nucléiques, et au métabolisme des acides aminés.

Les sources alimentaires de la pyridoxine se trouvent dans les céréales complètes, le lait, les viandes, le foie et les levures. Cette vitamine est particulièrement résistante à la chaleur et n'est pas dégradée par la cuisson.

La fonction de la pyridoxine est très complexe autant au niveau des noyaux cellulaires, de la synthèse des protéines, du métabolisme des acides aminés, des chromosomes que dans la structuration des membranes cellulaires. On la retrouve dans l'ensemble des cellules de l'organisme.

Les carences en vitamine B6 ont été associées à des déficiences du système nerveux central, par manque de synthèse des neurotransmetteurs. Certains ont même décrit une association avec la maladie de Parkinson. Cette vitamine a été utilisée contre le mal de mer et contre certains vertiges. D'autre part, des troubles de la peau, dits séborrhéiques, ont été décrits.

Enfin, une utilisation récente de la vitamine B6, à doses moyennes, associée au zinc, a donné de bons résultats dans les syndromes de tension prémenstruelle.

○ Vitamine B12

L'importance de cette vitamine a été découverte il y a une cinquantaine d'années. En fait, l'apport de vitamine B12 se scinde en facteur extrinsèque, d'origine alimentaire, et facteur intrinsèque, provenant du suc gastrique. En cas de diminution de la production de ce dernier, et malgré une absorption alimentaire correcte, le taux de vitamine B12 peut diminuer. Cette vitamine est toujours associée à l'acide folique, qui est son complément.

Les sources alimentaires: on la trouve principalement dans les feuilles vertes, le foie, le riz, la levure de bière et les abats.

La fonction de la vitamine B12 est importante en ce qui concerne la croissance cellulaire. Cette vitamine joue un rôle dans le fonctionnement de toutes les cellules de l'organisme, surtout au niveau des tissus à métabolisme rapide. Les cellules rouges du sang y sont particulièrement sensibles, et le manque de vitamine B12 ainsi que d'acide folique donne une anémie. Finalement, cette vitamine joue un rôle de protection au niveau du foie, des tissus graisseux, agit dans le métabolisme des sucres et des graisses.

Les carences en vitamine B12 sont habituellement en relation avec une absence de suc gastrique ou un manque d'absorption au niveau de l'intestin grêle. Les premiers signes de carence sont ceux d'une anémie avec des cellules rouges de grosse taille. Un manque chronique de vitamine B12 peut provoquer des troubles psychiques, des névrites, une dégénérescence oculaire, et a été décrit dans les syndromes de psychose.

On utilise cette vitamine à haute dose pour sa propriété analgésique.

○ L'acide folique

Il regroupe trois composants chimiques et agit comme enzyme dans de nombreux systèmes, notamment au niveau du système nerveux et au niveau du système sanguin. Il est intimement lié au métabolisme de la vitamine B12.

○ Vitamine C (acide ascorbique)

La vitamine « antiscorbut » est sans doute la vitamine hydrosoluble la mieux décrite. Un nombre restreint d'espèces animales, dont l'homme, est incapable de synthétiser l'acide ascorbique. Tous les primates supérieurs, qui n'en synthétisent pas, en consomment, selon Linus Pauling, 2 à 4 g par jour, ce qui semble être des doses désirables pour l'organisme humain.

La vitamine C se trouve dans un grand nombre d'aliments et possède de très nombreuses fonctions biochimiques. À la limite, elle peut remplacer des déficiences d'autres vitamines ou oligo-éléments pendant un certain temps et masquer des symptômes cliniques. C'est une vitamine qui pénètre dans la plupart des tissus de l'organisme, dans lesquels elle se répartit aisément. L'idée communément répandue selon laquelle cette vitamine passe dans les urines dans les deux heures après son ingestion est totalement erronée. Il a été mesuré que 20 % seulement sont excrétés, et des doses inférieures à 10 % dans les cas de cancers.

La vitamine C a été synthétisée, et l'efficacité de cette dernière par rapport à sa forme naturelle a été très discutée. Aucune conclusion déterminante n'a été faite à ce jour.

Les sources alimentaires sont bien connues : fruits, légumes, pour autant que leur conservation ait été correcte et qu'ils n'aient pas été mûris artificiellement. Les exigences commerciales ont forcé à utiliser des fruits ou des légumes faiblement riches en vitamines avec des méthodes de conservation détruisant cette dernière. De ce fait, les apports alimentaires en vitamine C ne semblent en aucun cas pouvoir couvrir les besoins de l'organisme.

Ses fonctions sont multiples et bien décrites. Nous ne mentionnons que les têtes de chapitre :
- vitamine du stress
- vitamine de la guérison des plaies
- vitamine anti-infectieuse
- agit sur le vieillissement cellulaire
- agit avec la vitamine B12 comme antianémique
- agit sur les acides aminés, les mitochondries, la synthèse des protéines, les chaînes respiratoires
- agit sur les régulations métaboliques et hormonales
- agit sur le cholestérol, sur l'interféron
- agit dans le cas de cancers, de problèmes nerveux...

Il semble inutile d'essayer de décrire chacun de ces chapitres dans le détail. Je renvoie le lecteur aux écrits du Dr Kousmine et de Linus Pauling (voir chapitre suivant).

Ses besoins sont estimés entre 1 et 3 à 4g par jour pour un organisme sain. Des doses de 6 à 10g par jour ont été données dans des cas de pathologie, soit cancéreuse, soit rhumatismale, soit dégénérative.

Les autres vitamines

Il est difficile de donner la liste complète de tous les composés biochimiques nécessaires à l'organisme et qu'il ne peut pas synthétiser. Il est hors de notre propos de décrire chacun de ces composés. Nous nous devons cependant d'en mentionner certains.

○ **Vitamine PP (nicotinamide)**
En relation avec la respiration cellulaire et les hormones.

○ **Choline**
En relation avec le métabolisme des graisses.

○ **Inositol**
En relation avec le métabolisme des graisses et du foie.

○ **Les lécithines**
En relation avec les membranes cellulaires et les fibres nerveuses.

○ **Vitamine B15 (acide pangamique)**
Utilisée par les sportifs.

Les métaux et les oligo-éléments

Ce groupe comprend un certain nombre d'éléments trouvés en quantités facilement dosables (fer, iode, calcium, phosphore...), d'oligo-éléments, sous forme de métaux en doses infimes (par million ou par billion : cuivre, magnésium, cobalt, sélénium, lithium, aluminium...) et d'oligo-éléments toxiques (plomb, mercure, cadmium...).

Ces métaux ou métalloïdes sont essentiels, par leur présence ou par leur absence (oligo-éléments toxiques), au bon fonctionnement de l'organisme. En effet, de très nombreuses enzymes possèdent un élément métallique leur permettant d'effectuer leur réaction biochimique. Certains de ces métaux sont très spécifiques (sélénium par rapport au glutathion peroxydase, zinc qui agit sur environ 112 métalloenzymes…).

L'importance de ces oligo-éléments n'est jamais suffisamment décrite ; ce sont les régulateurs essentiels du métabolisme de l'organisme.

En fait, l'ensemble de la table des éléments de Mendeleïev pourrait être cité, en passant des métaux les plus communs aux plus exceptionnels. Il semble que chacun ait une importance et le développement des méthodes analytiques pouvant doser des quantités infinitésimales de certains démontre l'importance de leur présence.

○ Calcium

Cet élément est bien connu, il a de nombreuses fonctions au niveau des membranes cellulaires, de la contraction musculaire, etc. Il est présent dans le sang, le liquide extracellulaire, les membranes cellulaires et certains organites intracellulaires.

Ses sources alimentaires se trouvent principalement dans le lait et les produits laitiers. Les céréales et la viande sont pauvres en calcium.

Ses fonctions se trouvent à différents niveaux :
• métabolisme des os
• croissance
• contraction musculaire
• spasmophilie
• irritabilité nerveuse
• équilibre chimique des membranes cellulaires

Le métabolisme du calcium est en relation avec celui du magnésium, de la vitamine D, du fluor et du phosphore.

Ses besoins sont estimés à 800 mg par jour. Un quart de cette quantité est excrété dans l'urine, un autre quart dans les selles.

○ Fluor

Il a un rôle essentiel dans la dentition et la protège des caries. Dans une moindre mesure, il est employé en association avec le calcium pour lutter contre l'ostéoporose.

○ Magnésium

Cet élément est connu depuis plusieurs siècles et son nom dérive d'une ville turque, Magnésia. Son métabolisme est étroitement lié à celui du calcium, du phosphore et du potassium. 70 % du magnésium se trouve combiné au calcium et au phosphore dans les sels complexes, dans les os. Au niveau des muscles et des tissus nerveux, les concentrations de magnésium sont particulièrement importantes. Il agit au niveau de la perméabilité cellulaire, dans les équilibres bioélectriques des membranes.

Les sources alimentaires de magnésium se trouvent dans les céréales complètes, les graines oléagineuses, les légumineuses, certaines algues, les fèves, les pois chiches. Les céréales raffinées, le sucre raffiné et les huiles raffinées ne contiennent pas ou peu de magnésium. Finalement, certains agents de conservation se lient au magnésium qui devient utilisable par l'organisme.

La fonction du magnésium est multiple :
- au niveau de l'équilibre bioélectrique de la membrane cellulaire, surtout celle des muscles squelettiques et du cœur
- au niveau de la régulation du tissu nerveux
- et même, selon certains auteurs, dans la prévention des calculs rénaux

Les besoins de magnésium sont très discutés. Ils varient d'un individu à l'autre et ont été estimés entre 200 et 750 mg par jour.

○ Fer

Il joue un rôle essentiel dans l'ensemble des processus biochimiques de notre corps, au niveau de toutes les cellules. C'est un élément fondamental trop souvent négligé. Le fer a des exigences d'absorption intestinale particulièrement complexe et est soumis à des pertes importantes lors d'états inflammatoires chroniques, de situation de lutte de l'organisme ou de menstruations excessives.

Cet élément peut être toxique : pris en excès, il peut se déposer dans le foie, le cœur et le pancréas.

Ses sources alimentaires sont surtout les viandes maigres, les céréales entières, le foie, les abats et les fruits secs. Malgré des sources alimentaires adéquates, l'absorption intestinale peut être insuffisante par manque d'oxydation.

Le rôle fondamental du fer apparaît au niveau de toutes les cellules et spécialement au niveau des cellules à renouvellement rapide, soit les épithéliums, les cellules sanguines et les muqueuses. Il est impliqué dans de nombreuses réactions biochimiques intracellulaires, notamment celles en relation avec la respiration cellulaire. D'autre part, il se lie à l'hémoglobine dans les cellules rouges pour transporter l'oxygène des poumons aux différents organes.

Les besoins en fer sont très variables d'un individu à l'autre selon que les tissus sont en phase de croissance ou d'inflammation : il dépend des menstruations, de l'absorption, etc. Il est difficile de donner une estimation générale des besoins individuels de fer.

○ **Cuivre**

Il s'agit là d'un élément essentiel aux enzymes liées au métabolisme oxydatif. Il est par conséquent indispensable à la croissance des cellules et à la formation de l'hémoglobine où il joue un rôle métabolique clé. Le cuivre est contenu principalement dans le foie, qui le stocke et qui l'excrète par la bile. Le contenu hépatique de cuivre est beaucoup plus bas chez l'adulte que chez l'enfant, chez lequel il a été considéré comme un stimulant cérébral.

Les sources alimentaires de cuivre sont principalement le foie de veau, d'agneau et de bœuf, mais aussi le vin (sulfate de cuivre) et, dans une moindre mesure, l'eau chaude ayant stagné dans des tuyaux de cuivre.

La fonction du cuivre est avant tout liée au métabolisme oxydatif. Il a donc un rôle essentiel dans la plupart des cellules de l'organisme. Les antidotes du cuivre sont le zinc et la vitamine C. Finalement le cuivre participe à l'oxydation du fer au niveau de l'estomac et en facilite l'absorption. En effet, certaines anémies ferriprives peuvent être traitées par du cuivre et de la vitamine C ajoutés à des aliments naturellement riches en fer.

La toxicité du cuivre est avant tout hépatique, cérébrale et oculaire. Il s'agit de la maladie de Wilson, qui est en relation avec un manque de protéines vectrices du cuivre : en cas de stress, entre autres, il y a une augmentation sérique du cuivre et une diminution du zinc et de la vitamine B6.

Le cuivre a été utilisé parfois avec succès sous forme de bracelets, pendentifs, etc. pour les problèmes articulaires. Dans les cas où de tels objets ont un effet bénéfique, le mécanisme d'action n'est pas compris.

○ Zinc

Le zinc est un métal essentiel à l'équilibre de la santé de l'organisme. Si le corps humain n'en contient que 2 à 3 g, le zinc active une centaine d'enzymes qui interviennent dans le métabolisme des graisses, des hydrates de carbone, des protéines et acides nucléiques. D'autre part, le zinc stabilise la structure de nombreuses protéines dans leur enroulement correct. Au niveau des membranes cellulaires, le zinc peut avoir une action bénéfique en luttant contre les radicaux libres (cf. vitamine E).

De ce fait, le zinc est un métal essentiel, polyvalent et trop souvent sous-estimé.

Les sources alimentaires du zinc sont multiples. Apparemment, nous avons besoin de 15 mg de zinc par jour que l'on peut trouver dans les céréales complètes, les jaunes d'œuf, la viande, les pois chiches et les haricots.

Le tableau clinique des déficits de zinc inclut les phénomènes suivants : troubles de la croissance, retard des règles, tension prémenstruelle (en synergie avec la vitamine B6), diminution de la mobilité des spermatozoïdes, diminution de la production d'hormones sexuelles, taches blanches sous les ongles, troubles de la croissance des os, des cartilages et de la peau, troubles de la cicatrisation, douleurs articulaires, troubles circulatoires et infections à répétition (cutanées, ORL, respiratoires). Le zinc a un effet essentiel dans

101

l'hormone du thymus, agissant comme régulatrice de l'immunité. Le zinc a, de plus, été mis en relation avec nombre de maladies, ce qui peut être expliqué par le fait qu'il s'agit d'un métal lié à beaucoup d'enzymes de fonctions très différentes.

○ **Manganèse**

Il s'agit d'un élément trouvé en traces infinitésimales (partie par billion) agissant par l'intermédiaire d'enzymes sur différentes fonctions du corps. Ces différentes enzymes n'ont pas toutes été étudiées en raison des difficultés de dosage de cet élément.

Les sources alimentaires du manganèse sont à la fois animales (viande, abats) et végétales (on trouve le manganèse dans la plupart des légumes et fruits).

La fonction du manganèse intervient à différents niveaux : synthèse des tissus conjonctifs, régulation du sucre, protection des membranes cellulaires, régulation des neurotransmetteurs cérébraux. De plus, le manganèse agit sur les acides nucléiques des chromosomes et leur synthèse : il agit en synergie avec la vitamine K dans la coagulation.

Le manganèse agit en conjonction avec le zinc et la vitamine B6.

Les doses optimales quotidiennes sont de 2 à 5 mg, mais peuvent être plus élevées en cas de carence (trouble de la croissance, cartilage de croissance douloureux, maladie mentale, trouble métabolique du glucose, etc.). Peu de recherches ont été menées sur la toxicité du manganèse.

○ **Sélénium**

Le sélénium est un élément qui, en trace infinitésimale (partie par billion), n'a qu'une fonction, celle d'activer l'enzyme glutathion peroxydase. Il agit en synergie avec la vitamine E dans l'élimination des radicaux libres et dans son action antioxydante.

Le sélénium est donc fondamental dans l'action de la vitamine E. Cet élément agit à différents niveaux du métabolisme et a été mis en relation avec des processus de vieillissement. *Les besoins* de sélénium sont infimes et *les sources alimentaires* sont principalement le riz entier, les céréales complètes, la levure de bière et les protéines d'origine animale.

Si les besoins alimentaires sont très faibles, les syndromes de carence en sélénium, mis en évidence par des taux de sélénium diminués dans le sérum, peuvent inclure toutes sortes de troubles fonctionnels cliniques en relation avec les maladies dites dégénératives.

○ Cobalt

Le cobalt est un métal qui occupe le centre de la molécule de la vitamine B12. Dans ce sens, il est essentiel à son action. Celle-ci est principalement antianémique, et son association au fer et au nickel semble être fondamentale chez l'enfant et la femme enceinte.

Les métaux lourds: agents toxiques

Les trois agents toxiques principaux que nous trouvons comme polluants de notre environnement sont le mercure, le plomb et le cadmium (voir tableau sur les métaux toxiques en annexe).

○ Plomb

Le plomb est un poison enzymatique agissant principalement au niveau du système nerveux et de la moelle osseuse, productrice des cellules sanguines. La toxicité de ce métal a déjà été décrite par les Égyptiens, puis plus tard par les Romains, qui l'utilisaient pour leurs conduites d'eau et leurs récipients. Actuellement, le plomb est ajouté à l'essence, et sa concentration est effrayante dans les villes, le long des routes et des autoroutes. 90 à 95 % du plomb sont fixés dans les os.

Les processus biochimiques d'élimination du plomb sont restreints et la toxicité se manifeste par des troubles gastro-intestinaux, des lésions rénales ou des anémies. Avertissement aux joggers qui s'entraînent le long des routes !

○ Mercure
Ce métal toxique était déjà identifié dans l'Antiquité, mais actuellement son utilisation industrielle s'est beaucoup développée dans les thermomètres, les piles électriques, et surtout dans les amalgames dentaires !

Le mercure méthylique, très toxique, se trouve dans les tissus des poissons intoxiqués et, une fois ingéré par un être humain, il agit sur les gaines des nerfs et sur le système nerveux central.

○ Cadmium
Ce dernier polluant toxique est utilisé comme désinfectant et peut contaminer les aliments par leur emballage en plastique ou autre. Le cadmium ne donne pas de manifestation clinique aiguë, mais il agit lentement en remplaçant le zinc dans les enzymes décrites plus haut, empêchant leurs actions. Dans ce sens, l'intoxication au cadmium peut donner des signes superposables à ceux des déficits de zinc avec le tableau clinique correspondant.

Des tentatives thérapeutiques ont été effectuées en augmentant l'apport de zinc et de cuivre.

Ce résumé n'est qu'un aperçu de l'importance des vitamines et des oligo-éléments. Il est difficile de comprendre la raison pour laquelle la médecine dite traditionnelle les a ignorés dans une large mesure jusqu'à maintenant.

Il est clair qu'il n'a pas été possible de développer chaque fonction des vitamines connues dans le détail, ni même de mentionner des composés biochimiques fondamentaux dans leur apport nutritionnel ou, inversement, fondamentaux dans leur toxicité chez l'homme. Je désire renvoyer le lecteur à des ouvrages spécialisés dans ce sens, tel le livre du Dr Kousmine *Sauver votre corps*.

Linus Pauling et la vitamine C
à fortes doses

Dr Alain Bondil

Linus Pauling. Prix Nobel de chimie (1954). Prix Nobel de la paix (1962). Voilà une carte de visite qui en impose et qui a de quoi donner du crédit aux écrits de cet homme !

En Europe peut-être, mais aux États-Unis certainement pas. En Amérique rien n'est acquis définitivement. Tout se mérite et s'obtient par une remise en question, systématique, des connaissances et de la valeur des individus. Dure réalité ! Mais c'est à ce prix que l'émulation de chacun doit permettre d'élever aux postes à responsabilité les meilleurs, et ceux qui savent le rester.

Lorsque Pauling publie son premier ouvrage sur la vitamine C et le cancer, celui-ci a suffisamment de retentissement pour créer une polémique non seulement autour de la vitamine C, mais également sur les conceptions d'avant-garde de cet homme averti (ce qu'il nomme dès 1968 d'un nom un peu barbare « la médecine orthomoléculaire »). Cette idée de soigner l'individu en restaurant son équilibre physiologique, au moyen de substances naturellement présentes dans l'organisme, est d'avant-garde. Elle est à contre-courant des conceptions habituelles : à une maladie correspondent des remèdes.

C'est pourquoi Linus Pauling va être contredit, ses arguments critiqués, avec même, comme il le démontre dans son dernier ouvrage, des moyens qui ne respectent ni la forme, ni le fond de ses écrits. Aussi il récidive et il insiste avec *Abusez des vitamines* (Éditions Sand, titre original : *How to live longer and feel better*), un ouvrage en « béton ». Un travail soigné, avec une bibliographie impressionnante (de quoi vous donner la migraine). À n'en pas douter cet homme sait de quoi il parle. Il a énormément étudié la question, lu et compris. Les arguments sont appuyés et les sentences envers ses détracteurs tombent comme des couperets de guillotine !

Une polémique sur l'emploi
de la vitamine C à fortes doses

C'est ainsi qu'en 1969, Linus Pauling se trouve mêlé à une polémique au sujet de l'emploi de la vitamine C à fortes doses. Le journal *Mademoiselle* cite le Dr Frederik J. Stare, présenté comme l'un des grands noms de la nutrition aux USA, qui réfute l'utilité de la vitamine C dans le rhume. Il s'appuie pour cela sur une étude faite à l'Université du Minnesota où 2500 étudiants auraient pris de la vitamine C pendant deux ans et 2500 autres un placebo.

Pauling montre que l'étude à laquelle se réfère le Dr Stare a été publiée, en fait, en 1942 ! (par Cowan, Diehl et Baker) et :

- qu'il s'agissait de 400 étudiants et non de 5000 ;
- que l'étude dura six mois et non deux ans ;
- qu'il fut administré 200 mg par jour de vitamine C et non pas de mégadoses.

Cependant, les auteurs signalent tout de même 31 % de jours de maladie en moins par sujet, pour ceux qui ont pris la vitamine C. Ce « détail », tout à fait positif malgré la faible dose, est passé sous silence par le Dr Stare !

En 1976, Pauling publie avec Evan Cameron une étude faite à l'hôpital Vale of Leven sur les taux de survie de 100 patients cancéreux en stade terminal auxquels on administre de la vitamine C par rapport à un groupe témoin de 1000 patients dans un état initial similaire, traités par les mêmes médecins, dans le même hôpital et de manière identique sauf en ce qui concerne la vitamine C.

Les constatations sont surprenantes puisque « *les 100 patients traités à l'ascorbate (vitamine C) ont vécu en moyenne au moins trois cents jours de plus que les témoins et il nous semble qu'ils ont vécu plus heureux durant cette période terminale. Quelques-uns d'entre eux sont même encore en vie prenant journalièrement leur dose d'ascorbate de sodium et certains peuvent être considérés comme guéris de leur affection maligne en ce sens qu'ils n'ont plus de symptômes manifestes de cancer et qu'ils mènent une vie normale* » (Pauling).

Une étude similaire fut entreprise dès le 1er janvier 1973 – pendant cinq ans – à l'hôpital Fukuoka Torikai au Japon (Morishige et Murata). Elle aboutit aux mêmes résultats que ceux obtenus par Pauling à l'hôpital Vale of Leven. Par contre des travaux menés à la clinique Mayo concluent à l'inverse à un faible effet protecteur de la vitamine C. Pauling démontrera, après analyse des résultats, que :
• les malades de la clinique Mayo avaient déjà reçu auparavant de fortes doses de médicaments cytotoxiques (chimiothérapie) ;

- le lot témoin recevait une dose de vitamine C beaucoup plus élevée que celui de l'étude de Vale of Leven ou du Japon !

Dans une deuxième étude de la clinique Mayo (Moertel et coll. 1985), Pauling remarque que la prise de vitamine C n'a été poursuivie que pendant dix semaines en moyenne et que les « patients avec vitamine C » ne recevaient plus de vitamine C depuis plus de dix mois au moment de leur décès !

Effectivement, au vu de ces anomalies d'expérimentation plus ou moins délibérées, on est en droit de se demander s'il n'y a pas, là-dessous, la volonté de ne pas reconnaître l'évidence !

Désintérêt pour une substance naturelle

Comme le dit Pauling lui-même :

« Nous pouvons nous demander pourquoi les médecins et les autorités en nutrition sont restés si peu enthousiastes à l'égard d'une substance dont on a signalé, il y a plus de quarante ans, qu'elle diminuait les affections dues au rhume de 31 %, pour autant qu'elle soit ingérée régulièrement en quantités journalières relativement faibles. Plusieurs facteurs ont certainement contribué à ce manque d'enthousiasme. Lorsqu'on recherche un médicament pour combattre une maladie, tout est

111

mis en œuvre pour en trouver un qui soit efficace à 100 %. (Je dois dire que je ne comprends pas pourquoi Cowan, Diehl et Baker n'ont pas répété leur expérience en utilisant de plus grandes quantités de vitamine C par jour.) Malgré une toxicité extrêmement faible, l'impression que l'apport de vitamine C devait être tenu aussi bas que possible semblait prédominer. Cette attitude est tout à fait appropriée pour des médicaments, substances qui normalement ne sont pas présentes dans le corps humain et qui ont presque toujours une toxicité assez élevée ; cela ne s'applique pas à la vitamine C. Un autre facteur a probablement été le manque d'intérêt de la part des compagnies pharmaceutiques pour une substance naturelle, que l'on obtient à un prix peu élevé, et qui ne peut être brevetée. Quel dommage ! Car voilà une substance capable d'éliminer le rhume de l'existence humaine. »*

De toute évidence, Pauling a raison quelque part ! Sur tout ? Pas forcément, et l'on peut effectivement contester les mégadoses qu'il préconise (18, voire même 200 g par jour). Mais là encore il s'agit de cas exceptionnels. (Et les Américains nous ont habitués à de telles extravagances dans tous les domaines – d'autant que leur alimentation est tellement carencée qu'il n'y a rien d'étonnant à ce qu'ils supportent de tels dosages.)

De plus, l'expérience de Pauling vaut largement celle de ceux qui le contestent. Comme il le dit fort justement, les besoins de chacun sont différents selon son hérédité, son mode de vie, sa maladie. Qui peut effectivement connaître les chiffres exacts de nos besoins en vitamines ? Tout dans ce domaine n'est que suppositions, statistiques… déductions ! Seul Linus Pauling a fait un véritable travail d'expérimentation et à ce titre il mérite respect et considération. Alors pourquoi falsifier ses conclusions ?

Le Dr Kousmine utilise les travaux de Pauling

Le Dr Kousmine a très vite perçu l'intérêt des travaux de Pauling. Elle préconise à ses malades dans un état grave les mégadoses de vitamine C que recommande Pauling.

Effectivement, par expérience, elle constate que non seulement les malades supportent très bien 10 g par jour de vitamine C, mais surtout qu'ils se sentent mieux. Elle nous a appris à conseiller la vitamine C et il est habituel de donner 2 à 5 g par jour à nos malades dépressifs, surmenés, infectés chroniques de l'arbre bronchique ou urinaire, etc.

Par exemple la diète, l'hygiène intestinale et la vitamine C sont un trio remarquable pour traiter le rhume. J'ai pu constater personnellement qu'en outre, le saignement des gencives, qui apparaît lorsqu'on se brosse les dents, disparaît

rapidement dès que l'on consomme quotidiennement au moins un gramme de vitamine C.

Contrairement aux idées avancées çà et là,
aucun effet secondaire désagréable n'a été constaté
chez nos malades, hormis une plus ou moins
bonne tolérance gastrique, à fortes doses il est vrai.
Pour ces malades, la prise d'ascorbate de sodium
à la place de l'acide ascorbique est un moyen de
contourner la difficulté. Mais il suffit d'ajouter
une pointe de couteau de bicarbonate de soude
pour tamponner la préparation de vitamine C.
Parfois les malades signalent une accélération du
transit qui, chez bon nombre de constipés chroniques, est une aubaine. Il suffit de réduire la dose
pour que tout rentre dans l'ordre, sans séquelle.

Certains sujets sont extrêmement sensibles à la
vitamine C et ne supportent même pas un seul
gramme par jour. S'agit-il d'une véritable hyper-
réaction ou d'un effet psychologique ? Toujours
est-il que pour ceux-là nous testons actuellement l'effet de la vitamine C, seule ou associée à
d'autres vitamines, en l'administrant à des doses
homéopathiques. Il semble que l'on obtienne
aussi de cette façon d'excellents résultats.

Enfin, certains signalent des risques de calculs
urinaires qui seraient favorisés par l'état d'acidification qu'entraîne la prise de vitamine C à fortes
doses. Avec l'ascorbate de sodium, le problème ne
se pose cependant pas, mais il convient de vérifier
qu'il n'y a pas de prise associée de médicaments

qui contre-indiquent l'administration de sodium (cortisone notamment). Il faut préciser que notre alimentation actuelle est, par elle-même, très acidifiante (produits animaux en excès, sucre blanc, aliments raffinés). Il n'est donc pas souhaitable d'accentuer un état de déséquilibre organique préexistant, mais il faut préciser que le Dr Kousmine, par la surveillance et le rééquilibrage du pH urinaire qu'elle conseille, évite ce risque. Les malades que nous suivons pour des pathologies importantes – et certains d'entre eux depuis plusieurs années – n'ont, à ce jour, présenté aucun effet secondaire à ces mégadoses de vitamine C.

Le malade et son agresseur

Nos malades s'étonnent souvent que, en plus de l'alimentation saine et variée qu'on leur conseille, nous leur donnions d'importantes quantités de vitamines diverses (à la fois par la bouche et en injection intraveineuse). Il faut à chaque fois expliquer que la maladie se développe essentiellement à cause des faiblesses et des prédispositions d'un individu, plus que par la présence d'un microbe. Comme disait Claude Bernard, « *le microbe n'est rien, le terrain c'est tout* ».

Plus que le microbe, c'est en fait la déficience des défenses immunitaires qui est responsable de la maladie. Il y a donc rapport de force entre le système immunitaire d'un individu et l'agent agresseur. En conséquence, il est important de modifier le terrain sur lequel va évoluer l'agent agresseur, au moyen de l'hygiène intestinale et du contrôle du pH urinaire, mais aussi de renforcer les défenses immunitaires elles-mêmes par une alimentation saine et un apport de vitamines associées. On limite ainsi l'importance du déséquilibre des forces entre le malade et son agresseur. L'emploi de vitamines administrées à la fois par voie orale et par injections permet d'agir à deux niveaux :

- les différents organes, en dehors du foie, sont servis en priorité grâce aux injections ;
- avec la prise par la bouche le foie se recharge et libère ensuite les excédents.

Cette façon d'administrer les vitamines semble la plus efficace.

L'alimentation actuelle est carencée

Il faut aussi expliquer à nos malades que, contrairement aux apparences dues surtout à l'abondance des produits mis à notre disposition, notre alimentation actuelle est extrêmement carencée. Les techniques industrielles que nous voyons se développer, tant au niveau des cultures que de la distribution des aliments, aboutissent à une altération de la qualité de ces produits par rapport à ceux obtenus avec des méthodes traditionnelles.

Ce point de vue était déjà souligné par Henri-Charles Geffroy, fondateur de la *Vie Claire*, quand il écrivait, il y a de nombreuses années :

« Un des principaux facteurs du développement de l'alcoolisme par l'usage du vin est l'accroissement de la consommation de viande.

Plus on mange de viande, plus on éprouve le besoin de boire et de boire des boissons fortement alcoolisées.

C'est un fait bien connu que la viande, dont la digestion est très rapide, produit dans l'organisme, dès que son assimilation commence, une excitation due aux purines qu'elle renferme, une sorte de 'coup de fouet' qui fait croire à des forces, au détriment des réserves, et impose au cœur un effort qui l'use prématurément. Le mangeur de viande a besoin de boire sous l'emprise de la soif qui résulte de l'assimilation de la viande et de l'appel des reins qui se trouvent à ce moment surmenés. Mais il préfère les boissons alcoolisées à l'eau ou aux fruits, parce que ses cellules nerveuses et cérébrales sont atteintes de dénutrition (carences de sels minéraux, notamment : magnésium et phosphore).

Or la consommation de la viande a commencé à augmenter du jour où le pain, privé de ses éléments essentiels, a cessé d'être l'aliment de base, l'aliment spécifique qu'il était au siècle dernier, et où sa consommation a baissé progressivement pour tomber à ce qu'elle est maintenant.

Comme on le voit, tous ces problèmes sont liés et devraient être abordés en même temps, ou tout au moins dans l'ordre où ils se posent : le pain blanc, carencé, favorisant la consommation de la viande : l'usage de la viande entraînant celui du vin et de l'alcool, il est inutile de s'attaquer au problème de l'alcoolisme, si l'on ne commence pas par s'attaquer à celui du pain.

Il est possible que la conséquence la plus funeste de la mauvaise alimentation actuelle soit le développement foudroyant du cancer, maladie contre laquelle la médecine est quasi impuissante. »

Des conclusions identiques par des voies différentes

Cette analyse est plus que jamais d'actualité. Catherine Kousmine partage ce point de vue, elle qui vérifie depuis plus de quarante-cinq ans l'importance d'une alimentation saine. Tout cela explique pourquoi nous conseillons de rechercher des produits sains. Et il devient évident que, face aux déséquilibres engendrés par des produits alimentaires carencés pour la plupart, la prise de compléments de vitamines est une nécessité.

À l'heure où l'on découvre l'importance de la mémoire de l'eau (travaux de Benveniste) et alors que cela bouleverse les données acquises de la science et de la médecine, il est temps de redécouvrir l'importance des vitamines et de l'hygiène alimentaire. Ce n'est peut-être pas par hasard si Linus Pauling avec la vitamine C et Catherine Kousmine avec la vitamine F (acides gras polyinsaturés essentiels) aboutissent à des conclusions identiques par des voies différentes.

C'est peut-être tout simplement parce qu'il est indispensable d'évoluer dans ce sens pour permettre à l'humanité de sortir de l'impasse dans laquelle elle s'est engagée. Tout cela devrait être compris par le plus grand nombre car, comme disait Platon, « ce n'est pas vivre selon la science qui procure le bonheur, ni même de réunir toutes les sciences à la fois mais de posséder la seule science du bien et du mal ».

Pour supprimer les carences :

l'ordonnance médicale

Dr Patrick Paillard

L a méthode élaborée par Catherine Kousmine est fondée sur quatre piliers qu'il convient, dans la mesure du possible, de ne pas dissocier :

1 • Réforme alimentaire avec suppression des graisses industrielles dites végétales et leurs dérivés comme les margarines. Réintroduction des produits végétaux (céréales, crudités, légumineuses, huiles végétales de première pression à froid riche en vitamine F) en substitution des produits animaux ;

2 • Monodiètes et lavements, c'est-à-dire hygiène intestinale et instillation d'huile vierge de tournesol dans l'intestin ;

3 • Équilibres acido-basique et du potentiel d'oxydoréduction, contrôle du pH urinaire ;

4 • Suppression de toutes les carences (vitamines, oligo-éléments, etc.).

Les troisième et quatrième points constituent l'ordonnance pharmacologique.

La prescription médicale, telle qu'elle peut être élaborée selon les concepts issus des travaux du Dr Kousmine, comporte plusieurs postes qui ne sont pas obligatoirement tous présents, mais que nous résumerons, par souci de clarté pour le patient et le médecin, en divers chapitres.

Nous pouvons rapprocher, à ce niveau, les travaux de Catherine Kousmine des conceptions de la « médecine orthomoléculaire » nées dans les années soixante aux États-Unis, à la suite des travaux de Linus Pauling, prix Nobel de chimie et de la paix, postérieurs à ceux de Mme Kousmine, notamment sur la vitamine C et le cancer. Ces conceptions prennent pour fondement thérapeutique la prise d'éléments vitaux – naturels dans l'alimentation (dans la mesure du possible), ou bien par compléments en vitamines, oligo-éléments, amino-acides essentiels – dont notre organisme a besoin, et ce, parfois, à des doses « supraphysiologiques ».

Conjointement aux axes d'équilibration des vitamines et des oligo-éléments, l'ordonnance doit se soucier de songer aux divers axes d'équilibration tels que :

• neuropsychologique
• neuroendocrinien
• neuroimmunitaire
• neurodigestif

- hépato-digestif
- acido-basique
- potentialités émonctorielles, etc.

Ce qui peut alors, dans certains cas graves, nécessiter des ordonnances assez longues.

Nous allons maintenant détailler ces divers points.

La voie parentérale

○ **Intraveineuse**
Sa fréquence est variable selon le degré de gravité, pouvant être quotidienne au début, habituellement de deux à trois par semaine, puis progressivement espacée, voire arrêtée.

○ **Cocktail vitaminique**
En Suisse, nous pouvons trouver des produits que le Dr Kousmine emploie volontiers :
- Ascodyne® en cas de sclérose en plaques notamment ;
- Dynaplex® réservé plutôt au cancéreux, du fait de l'apport de méthionine, amino-acide soufré indispensable, très utile chez ce dernier. Ces produits n'étant pas disponibles en France, nous devons, la plupart du temps,

associer divers produits que l'on mélange dans la même seringue afin de se rapprocher au mieux de ces deux médicaments. Voici une liste non exhaustive de médicaments que j'emploie volontiers dans diverses associations :

- Becozyme® 1 ou 2 ampoules
- Laroscorbine® 500 ou 1000 1 ampoule
- Calcibronat® 5 ml 1 ampoule ou bien (ne pas associer) Mag 2® 1 ampoule
- Hépatophal 250® 1 ampoule ou Epuram® fort 1 ampoule (extrait de foie et apport de vitamine B12)
- CoA 1000® 1 ampoule

L'intérêt fondamental de cette prescription réside dans l'apport massif et direct de vitamines, en évitant le passage transmembranaire digestif qui, pour des raisons diverses, peut être entravé. Par ailleurs, une partie non négligeable est distribuée dans l'organisme avant qu'il y ait eu passage au niveau du foie.

○ **Le problème de l'allergie digestive**
Parfois, notamment en cas d'allergie digestive manifeste, nous prescrivons volontiers des intraveineuses de thiosulfate de magnésium qui présente des propriétés détoxicantes et de désensibilisation intéressantes.

○ Intramusculaire

Mme Kousmine, par ailleurs, prescrit parfois des intramusculaires de vitamine F qui, pour les mêmes raisons que les intraveineuses, apportent de façon rapide dans l'organisme une quantité non négligeable de cette vitamine.

Malheureusement, la vitamine F injectable n'est pas commercialisée en France.

○ Auto-hémothérapie

Bien que ne faisant pas partie des prescriptions habituelles du Dr Kousmine, je voudrais mentionner cette vieille technique thérapeutique médicale qui possède une activité immunomodulatrice non négligeable dans certaines affections auto-immunes ou immunodéficitaires, selon le mode de prescription. Dans un même ordre d'idée, un début de traitement à base de Ducton® ou de Corynebacterium parvum® mériterait une étude plus approfondie.

○ Sous-cutanées

Très utile en cas de polyarthrite rhumatoïde ou de spondylarthrite ankylosante, la technique des vaccins élaborés à la suite de tests cutanés mériterait de plus amples recherches dans d'autres affections (voir le chapitre « La cure de vaccins » du Dr Besson).

Apport vitaminique

○ **Polyvitamines**

La plupart du temps, un complexe polyvita-minique est indispensable pour au moins deux raisons :
- c'est un complément alimentaire indispensable à notre époque de carences multiples ;
- les vitamines agissent en synergie les unes par rapport aux autres.

Selon les indications, on associe plus ou moins diverses vitamines à des doses parfois massives. Je pense notamment aux vitamines liposolubles A et D, qui peuvent devenir toxiques lors d'apports excessifs sans conseils médicaux, et dont il faut veiller à respecter les précautions d'emploi, mais qu'il s'avère nécessaire de donner lors d'affections dégénératives graves. D'où l'importance d'un suivi médical avec dosages de certaines constantes sanguines... comme le fer, le calcium, le magné-sium, la créatinine, et le bilan hépatique...

De même, l'acide ascorbique, tamponné avec du bicarbonate de potassium par exemple, doit parfois être prescrit, selon les observations de Linus Pauling, jusqu'à 10 g par jour, voire plus, mais il faut prendre soin d'opérer par paliers progressifs de 1 g tous les deux ou trois jours, et surveiller la tolérance, en particulier digestive :

la vitamine C peut présenter des effets laxatifs. Il faut prévenir le malade qu'il ne doit pas interrompre brusquement le traitement, mais opérer alors à la manière des paliers de décompression en plongée sous-marine, par paliers successifs dégressifs.

○ **L'huile d'onagre**
L'apport quotidien d'acide cis-cis linoléique (vitamine F) sous forme d'huile de première pression à froid, telle celle extraite des graines de tournesol (ou l'huile de lin de première pression à froid, interdite en France, qui contient de l'acide alpha-linolénique, autre acide gras essentiel), est indispensable. Il est parfois nécessaire d'adjoindre d'autres composants huileux très riches en vitamine F comme l'huile d'onagre. Celle-ci contient de l'acide gamma-linolénique que l'organisme sain peut fabriquer à partir de l'acide cis-cis linoléique grâce à la delta-6-désaturase, mais qu'il devient important d'apporter lorsque cette enzyme se trouve « bloquée » dans diverses affections dégénératives comme le cancer, le sida, l'alcoolisme… Cette étape enzymatique étant un facteur limitant du processus de régulation des transformations de la vitamine F vers certaines prostaglandines.

Dans les affections athéromateuses et cardiovasculaires, d'autres acides gras essentiels deviennent indispensables à apporter en complément, ce sont l'EPA ou le DHA que l'on trouve dans les huiles de certains poissons des mers boréales.

○ **Autres modes d'absorption des vitamines**
Je pense d'abord à la forme suppositoire qui ne doit pas être négligée, par exemple les suppositoires de Liveroil® ou les préparations de suppositoires composés dont la base est l'huile vierge de tournesol. Un autre mode d'absorption vitaminique peut être parfois utile et mérite attention, c'est la voie transcutanée. La vitamine F, notamment sous forme d'huile d'onagre ou d'huile de rosa rubiginosa, à condition d'avoir dans la formule de préparation un « véhicule » approprié qui permette le passage vitaminique dans la circulation sanguine, peut être d'une aide non négligeable, si l'on adjoint la compétence d'un pharmacien galéniste, fondamentale à ce niveau. Le but thérapeutique n'étant pas un apport esthétique local mais un complément pour l'organisme dans sa totalité.

Apport de sels minéraux

Tout aussi fondamental mais plus complexe dans son approche, l'apport de sels minéraux nécessite l'appui d'examens biologiques et cliniques ainsi que des connaissances sur les propriétés des minéraux.

Parmi les plus couramment prescrits, à dose pondérale, citons, de manière non exhaustive, le magnésium, le calcium (et nous regrettons personnellement le retrait de l'Ossopan® qui représentait un extrait d'os total), le fer, voire le potassium, le phosphore, la silice, le sodium…

Citons encore le sélénium, le zinc, le manganèse, le cuivre, le cobalt, le soufre, l'iode… sous forme de granions, d'oligosols ou de microsols…

Une place à part doit être faite sur l'apport d'eau de mer sous forme d'Ionyl® ou de Biocéane® dans la mesure où notre plasma, notre « mer » intérieure, présente une composition minérale probablement proche de celle de l'eau de mer, cette dernière permettant d'apporter un ensemble d'oligo-éléments comme les terres rares par exemple, dont notre organisme a très probablement besoin à l'état de trace infime.

Les voies sous-cutanées ou intraveineuses existent aussi avec le Biocéane®.

Un autre mode d'approche de la régulation de divers systèmes physiologiques par les oligo-éléments consiste à les prescrire selon les hypothèses développées par le Dr Ménétrier, en tenant compte des diathèses. Je pense notamment aux associations classiques cuivre/or/argent, manganèse/cuivre, zinc/cuivre… Les voies de recherche à ce niveau sont ouvertes.

Citons pour mémoire les sels de Schüssler.

Équilibre acido-basique
et contrôle du pH urinaire

Un chapitre spécial est consacré à ce sujet très complexe.

L'ordonnance présentera souvent une prescription de citrates sous forme de Sorbocitryl® ou de Citrate de bétaïne® par exemple, voire de citrates composés (à défaut de Rébasit® que l'on ne peut pas trouver en France).

Médications à visée
hépato-pancréato-digestives

O Médications hépato-protectrices
Elles sont multiples, fonction des habitudes de chaque praticien. Personnellement je prescris divers médicaments comme les fractions anti-toxiques de foie (qui peuvent devenir toxiques à haute dose), Hepaclem®, Choléodoron®, certains amino-acides comme la méthionine…

○ Régulation du transit

Il existe deux facteurs fondamentaux à réguler :

- la paroi intestinale, et c'est un des rôles fondamentaux des monodiètes et lavements avec instillation d'huile vierge de tournesol, principale prescription de la réparation de la muqueuse intestinale ;

- l'écosystème intraluminal, où une bonne santé consiste en un rééquilibrage de la flore intestinale. Divers traitements d'ordre alimentaire, phytothérapique… peuvent être prescrits. Une purgation comme la limonade purgative Godfrin peut être utile, concomitante à la période de monodiète. Un certain nombre de « vaccins » intestinaux rendent parfois de grands services, et nous regrettons vivement le retrait de la plupart de ces médicaments comme les ampho-vaccins. Des bacilles comme Ultra-flore® ou Bactisubtil® peuvent s'avérer des bons rééquilibrants dans certains cas et présentent probablement des propriétés immunomodulatrices qui mériteraient des recherches approfondies.

Autres thérapeutiques

En fonction de l'affection en cause et des orientations thérapeutiques du médecin, elles peuvent venir se greffer sur cette base commune à un ensemble de maladies dégénératives.

En guise de conclusion, je laisse la plume à Mme Kousmine qui nous montre combien l'être vivant est complexe, ce qui doit nous inviter à une humilité dans notre art :

« Le besoin en catalyseurs divers dépend de notre constitution, de nos capacités d'absorption, de notre mode de vie, de l'effort que nous fournissons ; il est différent d'un individu à l'autre, d'un sexe à l'autre…

Le sang est un liquide très complexe, il est impossible d'en analyser tous les éléments.

Le jeu subtil des substances diverses dont les actions interfèrent les unes avec les autres et dont le destin dans l'organisme ne peut être suivi dépasse largement notre entendement. Fournir ces divers matériaux peut même ne pas être suffisant car il faut encore que le corps sache s'en servir correctement et en dériver les substances qui lui sont nécessaires » (Soyez bien dans votre assiette, pp. 284-286).

L'hygiène intestinale
et les lavements rectaux

Dr Philippe-Gaston Besson

« Quoi, il va falloir que je me fasse des lavements rectaux!...» «Combien? Deux fois par semaine pendant plusieurs mois!...» «Actuellement, on a des médicaments si efficaces que l'on doit certainement pouvoir s'éviter cette humiliante pratique que constitue un lavement rectal de deux litres? N'est-ce pas, docteur? Ou bien il n'y a qu'à utiliser ces petits lavements évacuateurs que l'on vend en pharmacie? Non?»

Voici des phrases classiques que l'on entend en consultation lorsqu'on aborde le troisième pilier de la Méthode Kousmine: les lavements rectaux.

Il est vrai que les clystères faisaient partie, avec les saignées, des quelques armes thérapeutiques dont disposaient les médecins du temps de Molière. Effectivement, cela peut choquer certains patients qui, déjà atteints d'une maladie chronique dégénérative les faisant souffrir, ne comprennent pas pourquoi ils devraient encore se martyriser en pratiquant des lavements. Et c'est de prime abord très compréhensible. Mais lorsqu'ils auront compris le pourquoi et le comment du lavement, qu'ils auront essayé et constaté qu'il s'agit d'une technique très simple et surtout efficace qui les aidera, en complément du reste du traitement, à stabiliser leur maladie au point de ne plus en souffrir, ils verront qu'ils ont, comme c'est souvent le cas, porté un jugement trop hâtif avant de connaître ce qui leur est demandé.

Le rôle de l'intestin

Si par notre activité sensorielle nous sommes surtout en rapport avec le monde extérieur, notre surface corporelle qui nous met en contact avec cet environnement est inférieure à 2 m². Par contre, nous n'avons pas conscience à quel point nous sommes en contact avec notre milieu intérieur, et en particulier avec le contenu de notre tube digestif, et de nos intestins. La surface de ceux-ci est d'environ 50 m².

C'est dire que nous devrions être concernés par ce qui se passe dans notre intestin, et en particulier dans notre côlon. Le côlon est un organe excréteur, qui ne sécrète donc pas de sucs digestifs. Il constitue la dernière étape du transit digestif. Sa fonction principale est d'amener vers l'extérieur les éléments non assimilables par l'organisme. Mais son rôle principal est de résorber l'eau afin de concentrer les matières fécales. « Le mécanisme de concentration des matières fécales est d'une précision étonnante. Il faut que 86 % de l'eau soient réabsorbés pour qu'une selle ait une consistance normale. Si 88 % de l'eau sont réabsorbés, les selles deviennent trop dures et à 82 % de résorption, elles sont trop fluides » explique le Dr Kousmine.

Dans l'intestin, la muqueuse de revêtement n'est formée que d'une seule couche cellulaire d'une épaisseur de 25 à 30 millièmes de millimètres. Immédiatement au-dessous de ce revêtement se trouvent les capillaires sanguins et lymphatiques. Les matières que contient l'intestin grêle ne sont donc séparées du sang des capillaires que par une très fine membrane, fragile, qui se renouvelle tous les deux jours.

L'état de l'intestin et les conséquences sur la santé

La plupart des patients qui viennent nous trouver et qui sont atteints de maladies chroniques dégénératives présentent des troubles intestinaux depuis de nombreuses années, bien avant que ne se déclare la pathologie qui les amène chez le médecin. Le principal symptôme en est la constipation chronique qui pousse à utiliser des laxatifs. Le but des laxatifs – même ceux à base de plantes – est de stimuler chimiquement les membranes de l'intestin, les forçant à fonctionner. Par conséquent, le côlon s'affaiblit toujours plus, créant une dépendance aux laxatifs. Très peu de gens ont un transit intestinal normal.

Les bacilles et l'intestin

Il existe une relation directe entre l'activité des bactéries et le temps du transit colique. En cas de transit colique ralenti, c'est-à-dire de constipation, les selles sont trop sèches (la réabsorption colique de l'eau est de l'ordre de 900 à 1400 ml par vingt-quatre heures) et les lactobacilles disparaissent. Les lactobacilles font partie de ce que l'on appelle la flore intestinale « acide » qui constitue une barrière naturelle contre les microbes de décomposition, provenant de la putréfaction, qui se développent plutôt en milieu alcalin. Avec leur disparition, la barrière de protection acide va disparaître. La flore acidophile diminuant, les germes de putréfaction vont monter dans le grêle, s'y développer et provoquer la fermentation responsable de météorisme, de ballonnements et de formation d'amines : les ptomaïnes qui sont extrêmement toxiques.
La mauvaise alimentation actuelle, avec un large excès de viande et de sucre, ainsi que la mauvaise

mastication liée aux repas trop vite pris sont responsables de matières intestinales riches en protéines mal digérées, propices au développement d'une flore microbienne agressive (principalement le clostridium perfringens).

À partir de ces protéines mal digérées, beaucoup d'acides aminés subissent une décarboxylation qui produit les amines toxiques :

$$
\begin{array}{c}
H \\
| \\
R\text{-}C\text{-}NH_2 - (\text{décarboxylase} \rightarrow RCH_2NH_2 + CO_2 \\
| \qquad \text{bactérienne}) \qquad \text{ptomaïne} \\
COOH
\end{array}
$$

L'histidine se transforme	en	histamine
La tyrosine	en	tyramine
La lysine	en	cadavérine
L'ornithine	en	putrescine
L'arginine	en	agmatine
La cystine (cystéine)	en	mercaptan
Le tryptophane	en	indole et scatole

Beaucoup de ces amines sont de puissants vasoconstricteurs, l'indole et le scatole (méthylindole) sont les substances particulièrement responsables de l'odeur des selles.

Bactéries et sels biliaires

Les bactéroïdes, les bifidobactéries et les clostridies produisent des hydrolases capables de déconjuguer les sels biliaires et de produire des sels biliaires libres. Parmi ceux-ci, le méthylchloranthrène est très cancérigène.

sels biliaires	→	acides biliaires
glycocolate ou taurocholate	→	+ glycine et taurine
acide cholique	→	acide lithocholique
acide chénodésoxycholique	→	acide désoxycholique

acides biliaires	clostridium	méthylchloranthrène
	paraputrificum (aromatisation)	

Une alimentation riche en graisses va rompre l'équilibre bactérien de l'intestin en faveur de la flore de putréfaction : il y aura une insuffisance relative de la flore acidophile avec élévation du pH intestinal. Il y aura parallèlement une augmentation du flux biliaire lié à l'excès de graisses qui contribuera à l'alcalinisation de l'intestin au niveau duodénal. Cela favorisera la remontée des germes pathogènes à ce niveau (clostridium paraputrificum), qui transformeront les acides biliaires par déshydrogénation nucléaire en cocarcinogènes et carcinogènes (cancer du côlon).

Bactérie et stéroïdes hormonaux

Certaines bactéries sont également capables de « déconjuguer » les stéroïdes pour redonner des stéroïdes actifs, d'où un cycle entéro-hépatique très compliqué. On connaît actuellement deux hydroxylases, huit oxydoréductases et deux déconjuguases bactériennes.

Cette formation d'œstrogènes actifs à partir de certains aliments favoriserait le développement de mastoses.

Bactéries, aliments et cancer

Certains précarcinogènes se trouvent dans les aliments et les conservateurs alimentaires, les colorants, les additifs ou les polluants. La flore colique est métaboliquement très active, produisant de nombreuses enzymes qui peuvent faciliter les transformations des précarcinogènes en carcinogènes actifs : bêta-glucuronidase, bêta-glucosidase, bêta-galactosidase, nitroréductase, azoréductase, 7-alpha-déshydroxylase, cholestérol désydrogénase. L'alimentation répétée avec un aliment contenant le précarcinogène induit la sélection de la population bactérienne transformant les précarcinogènes, le cancer survenant après un laps de temps plus ou moins long.

Bactéries et cholestérol

Les bactéries intestinales interviennent dans le métabolisme du cholestérol et provoquent la formation du coprostanol, forme réduite moins soluble et moins absorbable. Dans cette molécule, il n'y a plus de double liaison entre les atomes de carbone 5 et 6, et l'orientation des cycles A et B autour de l'axe des atomes de carbone 5 et 10 est cis alors qu'elle était trans dans le cholestérol.

Enfin, la bile détruite par les clostridiums ne fera plus son travail. Une stéatorrhée chronique s'installera, entraînant avec elle une élimination massive de vitamine B12 et de calcium. Ainsi, l'excès d'aliments gras et trop riches en protéines aboutira à des carences par élimination intestinale des éléments minéraux et vitaminiques, alors qu'une alimentation moins riche apportera une meilleure assimilation de ces éléments. C'est la raison pour laquelle on voit des carences vitaminiques chez des personnes suralimentées.

Mais, posons-nous la question : les troubles intestinaux chroniques sont-ils graves ? Oui, et ce pour plusieurs raisons :

1 • L'intestin a besoin de 18 à 24 heures pour éliminer les matières provenant de la nourriture absorbée. Pour peu que le transit ne se fasse pas correctement, il se dépose des déchets qui peu à peu tapissent les parois intestinales sur certains endroits. Selon Irons : « *Ces dépôts de matières fécales peuvent atteindre 5 à 7 cm d'épaisseur et avoir la consistance d'un pneu ! Ces déchets peuvent à la longue empêcher l'absorption et la pénétration dans l'organisme des vitamines et des sels minéraux. Les troubles intestinaux chroniques peuvent ainsi être à l'origine d'une carence nutritionnelle, indépendamment de la qualité de la nourriture, ou de la quantité de vitamines absorbées.* »
Il serait dommage de prendre soin de corriger son alimentation, de prendre des vitamines, et d'en limiter l'efficacité simplement parce que l'on néglige de faire les lavements !

2 • L'excès du mucus masque des symptômes allergiques. Au cours de ces dernières années, on a mis en évidence que de nombreuses protéines alimentaires pouvaient être responsables de beaucoup de problèmes physiques et psychologiques. La surconsommation d'un aliment

est une première cause d'allergies alimentaires. Tout aliment consommé quotidiennement risque d'être cause d'allergies, surtout si on a l'impression de ne pas pouvoir s'en passer... Cela est particulièrement vrai pour des aliments déficients d'un point de vue nutritionnel (chocolat, farine et sucre blancs, colorants alimentaires...). Le corps sécrète alors du mucus pour se protéger contre ces substances irritantes.

Cette couche de mucus intestinal réduit l'absorption des substances allergisantes, protégeant ainsi la personne, mais des allergies cachées remplacent alors les réactions allergiques manifestes qui pourraient survenir lors de l'absorption de l'allergène.

3 • Une autre conséquence est l'irritation des parois intestinales par la stagnation des matières, ce qui entraîne une inflammation et des spasmes. Cet état va encore perturber le transit et aggraver les carences nutritionnelles.

4 • Mais la conséquence la plus grave est sans doute l'empoisonnement toxinique chronique, lié au développement de germes pathogènes. Il se produit une véritable auto-intoxication.

La mauvaise alimentation actuelle, avec un excès de viande et de sucre ainsi que la mauvaise mastication liée aux repas trop vite pris, est responsable de matières intestinales riches en protéines mal digérées, propices au développement d'une flore microbienne agressive, qui produit des toxines et des gaz nocifs.

L'excès de beurre, de graisses animales, et surtout végétales artificielles et mortes, et la carence en huiles vierges riches en acides gras polyinsaturés fragilisent les membranes de l'organisme entier, et en particulier des membranes intestinales qui sont, nous l'avons vu, particulièrement fragiles.

« Lorsque la fine membrane de l'intestin a une structure normale, nous sommes suffisamment protégés contre la résorption éventuelle de microbes et de toxines, mais lorsque nous nous alimentons mal, cette membrane délicate devient anormalement poreuse et laisse passer à foison bactéries et poisons. Le foie, qui reçoit le sang, et les ganglions lymphatiques, dans lesquels se déverse la lymphe de provenance intestinale, fonctionnent à la façon de filtres. S'ils peuvent arrêter et neutraliser les germes et les toxines, il ne se passe rien, mais s'ils sont chroniquement débordés, des maladies graves apparaissent » (Kousmine).

Il n'est donc pas surprenant que si vous présentez des troubles digestifs chroniques, vous ressentiez peu à peu certains symptômes comme la fatigue, l'insomnie, des problèmes nerveux et mentaux, des douleurs menstruelles, des arthrites. Le mauvais fonctionnement du transit intestinal peut même déboucher sur des maladies cardiaques, des cancers, des rhumatismes graves, des dégénérescences du tissu nerveux…

« Si vous ne nettoyez pas votre intestin, vous ne serez jamais en bonne santé ! Vous ne parviendrez jamais à vous débarrasser de vos malaises chroniques » (Irons).

Alimentation et intestin

Tout d'abord, il faut boire suffisamment. Si vous ne buvez pas assez, vos selles seront trop sèches, et vous serez constipés.

Les aliments ennemis de l'intestin

○ **Le sucre blanc**
Il favorise la prolifération bactérienne au niveau intestinal. En particulier une flore colibacillaire. Il favorise la production d'acide oxalique, générateur de rhumatismes.

○ L'alcool

Il serait responsable de certains cancers du côlon et du rectum selon de récentes études menées en Norvège.

○ La viande

Elle est dépourvue de fibres cellulosiques. Mal mastiquée, elle est mal digérée et est responsable de putréfactions intestinales. On voit augmenter le nombre des cancers du côlon dans les pays gros consommateurs de viande.

○ Les graisses saturées (graisses animales, huiles courantes, margarines)

Les graisses saturées stimulent anormalement la production de bile, d'où une plus grande production d'acides biliaires. Par ailleurs, la richesse en graisses saturées modifie la flore intestinale et augmente sa teneur en bactéries qui tendent à favoriser la conversion des sels biliaires en substances cancérigènes. Les graisses végétales solides, étrangères à la nature, augmentent le besoin en vitamine F et perturbent les processus immunitaires.

○ Le gluten

« Il est équilibré par la vitamine E dans le grain de blé cru, d'orge, de seigle, d'avoine ou de sarrasin : lorsque

le grain est moulu en farine et cuit, la vitamine E est détruite. Le gluten forme alors une substance pâteuse et collante, qui adhère à la paroi intestinale. Elle ralentit le passage des aliments, favorise les putréfactions intestinales et empêche l'absorption des vitamines du groupe B » (Dr Soleil).

○ **Les farines raffinées**
Elles favorisent le durcissement des selles, surtout si l'alimentation est pauvre en aliments naturels : fruits et légumes.

○ **La crème du lait et le beurre**
Ils rendent la paroi de l'intestin poreuse et perméable aux bactéries qui s'y trouvent.

Les aliments favorables à l'intestin

○ **Les graisses non saturées** (huiles 100 % de pression à froid)
Elles renforcent l'imperméabilité de la membrane intestinale.

○ Les fibres végétales riches en cellulose

La cellulose joue le rôle de ballast pour le bol alimentaire traversant l'intestin. C'est une matière solide qui n'est pas assimilée par l'organisme, mais qui stimule l'intestin et permet son bon fonctionnement.

« Depuis quelques années, des travaux épidémiologiques ont attiré l'attention sur les risques d'une alimentation dépourvue de fibres. Le ralentissement important du transit intestinal qu'elle entraîne favoriserait l'apparition de diverticules du côlon. Il existe d'ailleurs une corrélation très significative entre la fréquence croissante des cancers du côlon dans les pays industriels et l'alimentation pauvre en fibres. La prévention de cette affection semble donc passer par une consommation de fibres végétales » (Dr A. Mossé).

Mais si la façon de se nourrir est la cause principale d'un mauvais fonctionnement de l'intestin, une meilleure alimentation ne suffit pas. En effet, une personne qui se nourrit mal pendant des années abîme son intestin et il ne suffit pas de modifier ses habitudes alimentaires pour résoudre le problème. Aucune affection chronique ne disparaîtra tant que le côlon ne sera pas totalement nettoyé par des lavements rectaux réguliers pendant une durée établie par le médecin en fonction de critères cliniques qu'a enseignés le Dr Kousmine.

Les selles normales

Quand l'intestin est sain, vous devez aller deux fois par jour à la selle et avoir des selles de bonne consistance.

« La selle normale de l'homme doit avoir la forme d'une saucisse épaisse de quatre centimètres et longue de quinze à vingt centimètres » (Kousmine).

Sa couleur varie en fonction de l'alimentation. De couleur brune en cas de régime carné, elle est plus claire en cas de régime lacto-végétarien. Vous devez aller à la selle facilement, sans effort et sans attendre.

« Une selle normale est principalement formée de la desquamation de l'épithélium intestinal, d'une masse plus ou moins importante de bactéries, de substances dont l'organisme se débarrasse par la bile, par le suc pancréatique et par l'excrétion à travers la muqueuse intestinale. Elle contient en outre des fibres végétales formées de cellulose, de lignine, très résistante à l'action des bactéries. Elle est homogène, exception faite de parties végétales dures et non comestibles, telles que peaux de raisin, d'amandes, et de débris végétaux mal mâchés » (Kousmine).

Lorsque l'alimentation est correcte, les selles n'ont presque pas d'odeur.

La technique du lavement rectal

À faire une à deux fois par semaine au début, pendant deux à trois mois selon les besoins et l'indication médicale.

Matériel
• un bock de 2 l, avec tubulure, canule et robinet;
• une poire à lavement de bébé de 60 ml.

La manière de procéder a son importance
Préparer une tisane de camomille romaine en faisant infuser pendant dix minutes 5 sachets ou 8 têtes dans 2 l d'eau bouillante. Laissez refroidir jusqu'à température convenable (35 à 37 °).
Se mettre à quatre pattes au fond de la baignoire, la tête en bas, le postérieur en l'air (en cas d'impossibilité, se mettre à plat ventre sur le lit, la moitié supérieure penchée en avant vers la descente de lit, la tête en bas), le bock à 50 cm environ au-dessus du niveau de l'anus, en ayant soin d'éviter le siphon produit par une tubulure généralement trop longue.
Après avoir introduit la canule, on ouvre le robinet et on laisse s'écouler la totalité des 2 l d'infusion avant toute évacuation. Il est important de bien respirer par une respiration abdominale et de se masser le ventre pendant tout le temps de l'introduction de l'eau, afin d'éviter les spasmes douloureux en cours de lavement.
Avec une main libre, masser le côlon dans la partie la plus basse de votre abdomen, sur une surface de 6 à 7 cm. Utilisez vos doigts comme si vous faisiez

des gammes sur un piano ou comme si vous pétrissiez du pain. Appuyez fortement sur toute boule ou partie rigide que vous rencontrez, ce sont les dépôts de matière fécale qui doivent être éliminés. Tout en continuant à masser, montez progressivement le long de la partie gauche de l'abdomen jusqu'à ce que vous palpiez vos côtes. Puis continuez en massant autour du nombril, puis à droite jusqu'aux côtes. Recommencez ainsi jusqu'à ce que les 2 l du lavement soient acceptés.

Si des crampes, des spasmes, des envies intempestives d'évacuer vous gênent pendant le lavement, assurez-vous tout d'abord que l'eau soit à la température convenable. Une eau trop chaude ou trop froide provoque immanquablement des spasmes douloureux, désagréables. Sinon, prenez une respiration abdominale superficielle dite du « petit chien », analogue à celle qu'apprennent à faire les femmes qui accouchent. Plus la respiration est rapide, plus le spasme disparaît rapidement.

À la fin de ce lavement, on peut évacuer immédiatement celui-ci, ce qui se produit en plusieurs vagues pendant une vingtaine de minutes environ.

Remplir ensuite la poire à lavement de bébé de 4 cuillères à soupe (= 60 ml) d'huile de tournesol de première pression à froid préalablement tiédie à 35-37 °. Introduire la canule dans l'anus et injecter l'huile comme un « suppositoire liquide ».

Pour que cette huile ne soit pas rejetée, il est préférable de faire le lavement suivi de l'instillation d'huile le soir au coucher afin de pouvoir mieux garder l'huile pendant la nuit.

Au bout d'un certain nombre de lavements, l'huile n'est plus absorbée par l'organisme et est rejetée totalement ou en partie le lendemain. Il faut alors continuer les lavements sans les faire suivre de l'instillation d'huile.

Ce lavement peut être fait tous les jours pendant une semaine, ou même dix jours au début de certains traitements nécessitant une action thérapeutique immédiate et rapide. C'est le cas, par exemple, de cancers aigus, très évolutifs, de poussées de sclérose en plaques ou de polyarthrite chronique évolutive en poussées.

Si la poussée de la maladie est dominée, ou si la pathologie traitée ne nécessite pas une intervention rapide, le lavement est fait systématiquement deux fois par semaine, régulièrement, même si le malade ne présente pas de troubles digestifs patents.

La durée en est déterminée par le médecin traitant en fonction de certains critères cliniques: état de la langue, régularisation du transit intestinal, état général…

Il faut généralement deux à quatre mois de lavements réguliers pour obtenir une réelle action thérapeutique. Après cela, les lavements peuvent être interrompus, en accord avec le médecin traitant, mais ils doivent être spontanément repris par le patient en cas de retour de certains troubles :

- reprise évolutive de la maladie ;
- selles de mauvaise odeur ;
- retour des troubles intestinaux : constipation, diarrhée ;
- ballonnements, gaz malodorants ;
- écart dans l'alimentation saine bien suivie jusque-là.

Si vous êtes invité et que, par souci de convenance sociale, vous ne pouvez refuser l'alimentation proposée, ou lors d'anniversaires, de fêtes de famille…, il est alors conseillé de faire un lavement le lendemain, associé à une monodiète de pommes crues ou de riz.

Au bout d'un certain temps, il n'est plus nécessaire de faire les lavements. Mais il ne faut surtout pas omettre de reprendre ces lavements pendant quelque temps si les symptômes cités plus haut se manifestent. En effet, ils témoignent de la présence dans l'intestin d'une flore microbienne de putréfaction qui est pathogène et qui peut annoncer une reprise évolutive de la maladie si l'intestin n'en est pas rapidement débarrassé.

Dans le traitement de la polyarthrite chronique évolutive, les lavements rectaux sont d'une importance capitale, et il est indispensable d'avoir fait un bon nettoyage intestinal avant de commencer la cure de vaccins. Sans cela, on s'expose au risque d'une rechute au cours de la cure, liée à une hyperstimulation immunitaire (phénomène d'échappement).

Une autre technique : l'irrigation colonique

L'irrigation colonique est un lavement à grande eau de la totalité du côlon au moyen d'un appareil branché sur l'eau courante passant à travers un filtre. Cette eau est introduite dans le côlon par le rectum grâce à une canule à deux circuits qui lui permet d'entrer et de sortir sans que la personne ait à bouger.

Les irrigations coloniques ont pour but de permettre un nettoyage du côlon avec de l'eau à la température du corps et de renforcer le tonus musculaire des parois intestinales. Cette irrigation dure environ une heure et nécessite plusieurs dizaines de litres d'eau.

L'eau circulant dans la totalité du côlon, une irrigation colonique nettoie et détoxique en profondeur ses muqueuses. Elle débarrasse le côlon de déchets qui y stagnent parfois depuis des années.

L'équilibre du pH urinaire

Dr Jean-Pierre Lablanchy
Dr Patrick Paillard

*L*e pH est l'unité de mesure du degré d'acidité ou d'alcalinité d'un liquide. Un pH de 7 représente l'équilibre chez l'homme : en dessous de 7, il y a excès d'acidité, au-dessus de 7, il y a excès d'alcalinité.

Les processus vitaux de notre organisme ne peuvent se dérouler normalement que si le pH de cet organisme est stabilisé aux environs de 7. Différents systèmes biochimiques (systèmes tampons) permettent cette stabilisation en neutralisant aussi bien un excès d'acide qu'un excès d'alcalinité.

D'autre part la transformation des substances que nous absorbons par notre alimentation nécessite l'intervention d'enzymes qui sont activées par les oligo-éléments et les vitamines. Quand ceux-ci viennent à manquer, en raison d'une alimentation carencée, cette transformation ne peut se faire normalement et produit un excès d'acidité. Pour *permettre le maintien d'un pH stabilisé autour de 7, les systèmes tampons vont évacuer l'excès d'acidité par le rein, acidifiant ainsi l'urine qui normalement devrait avoir un pH sensiblement égal à celui du sang (entre 7 et 7,5). Par la mesure du pH urinaire, il est donc possible de se rendre compte de l'excès d'acidification de l'organisme lié à la carence en oligo-éléments et vitamines.*

Pour aider l'organisme à retrouver son équilibre, il convient – outre l'apport d'oligo-éléments et de vitamines – d'ajouter des citrates alcalins à son alimentation et de privilégier les aliments non acides (voir tableaux en annexes).

Les phénomènes vitaux ne peuvent se dérouler que dans une zone très limitée du pH, en dehors de laquelle toute vie, depuis celle du plus simple des micro-organismes jusqu'à celle de l'homme, peut être paralysée.

Une telle sensibilité aux variations de pH nécessite donc une possibilité de régulation très efficace. Les milieux biologiques possèdent des systèmes tampons. Il en est ainsi de l'eau des mers et des océans; la vie n'y est possible que si le pH se situe aux alentours de 7,5 à 8. Chez les animaux supérieurs et chez l'homme, le pH du milieu intracellulaire se situe aux alentours de 6,98, celui du LCR (liquide céphalo-rachidien) vers 7,9, le pH plasmatique artériel entre 7,38 et 7,43. Les systèmes tampons s'opposent de manière immédiate aux variations du pH, et ce n'est que dans un second temps que sont intéressés les organes (rein et poumon) dont la mise en jeu est plus lente.

Les milieux biologiques sont tamponnés pour maintenir les réactions biochimiques vitales dans une zone d'équilibre acido-basique favorable à l'activité des enzymes. Leur activité dépend du pH. Elle passe en effet par un maximum pour une certaine valeur du pH (pH optimal), variable selon la nature de l'enzyme et son origine. Ajoutons aussi que cette activité dépend également de la présence d'oligo-éléments et de vitamines.

Un exemple classique montre que le muscle diaphragmatique de rat isolé produit à pH 7,1 63 % des lactates qu'il est capable de produire à pH 7,4.

Notions élémentaires sur l'équilibre acido-basique

Avant d'aborder l'intérêt physiologique et médical du contrôle du pH urinaire, un bref rappel de notions élémentaires d'équilibre acido-basique est nécessaire.

D'après Bjerrum :
- un acide est un donneur de protons (H+) ;
- une base est un accepteur de protons ou un donneur d'une paire d'électrons (oxydant) ;

• une antibase est un accepteur d'une paire d'électrons (réducteur) ou d'une base.

La notion d'équilibre acido-basique, comme nous le voyons, est ainsi en intime relation avec la notion de réactions d'oxydoréduction (et l'on pense en particulier aux chaînes oxydatives, mitochondriales génératrices d'ATP, au cycle de Krebs…) qui, elle-même, ne peut se concevoir sans une connaissance des principes de la thermodynamique.

Beaucoup de réactions d'oxydoréduction font intervenir les protons. Le potentiel d'un tel système dépend donc étroitement du pH. Rappelons à ce sujet le rôle primordial du solvant biologique qui est l'eau, prenant une part active dans cet équilibre acido-basique par son caractère amphotère. L'eau est très faiblement dissociée en des quantités égales d'ions H+ et OH- et, en première approximation, l'acidité d'une solution dépend de sa concentration en ions H+. Le pH est donc une mesure de l'état d'acidité d'une solution contenant, en biologie, un mélange d'acides et de bases. Cette mesure est définie par l'expression mathématique : pH = - log. a H+ dans laquelle a H+ représente l'activité du cation hydrogène (proton) dans la solution considérée.

Le fonctionnement de l'organisme est générateur d'acides

Il existe une tendance physiologique à l'acidose métabolique, par production et accumulation d'acides non volatils, produits du métabolisme intermédiaire. L'on peut dire que le corps, dans son fonctionnement normal et a fortiori dans son fonctionnement pathologique, se présente comme un véritable générateur d'acides. L'acidose doit être comprise comme une perturbation acido-basique qui entraînerait une chute du pH si aucun mécanisme compensateur n'intervenait. Et en effet une grande partie des produits terminaux est acide: un adulte sédentaire produit en gaz carbonique l'équivalent de 13 à 15 l d'acide chlorhydrique pur (soit 13 000 à 15 000 nmol d'ions H+ par jour). Ce gaz s'hydrate très rapidement en acide carbonique en raison de la présence dans l'érythrocyte d'une enzyme: l'anhydrase carbonique. Dans les conditions habituelles, aucune accumulation ne doit survenir, car le poumon gère l'élimination de la forme gazeuse. Il n'en va pas de même pour les produits terminaux dits « acides fixes » non volatils.

En régime alimentaire « normal », le principal acide non volatil qui doit être excrété est l'acide sulfurique, formé lors de l'oxydation des acides aminés soufrés des protéines: méthionine, cystine et cystéine. Une quantité appréciable d'acide

157

phosphorique doit être également excrétée. Elle provient de l'oxydation des acides nucléiques, des phospholipides et des phosphoprotéines, telles la caséine et l'albumine de l'œuf. Les acides organiques d'origine alimentaire apportent leur contribution propre. La quantité de ces acides non volatils produite par un sujet normal dépend pour beaucoup de l'apport alimentaire, en particulier en protéines. Elle est de l'ordre de 100 nmol par jour. Si cette quantité semble faible par rapport à la production de gaz carbonique, cet équivalent de 100 ml d'acide chlorhydrique pose le problème d'une addition au sang d'acides qui déplètent la réserve des bases tampons. La maladie, de par l'anoxie tissulaire qu'elle entraîne, va considérablement majorer ces phénomènes et accroître cette tendance à l'acidose métabolique.

Une situation aussi simple que le jeûne, par exemple, aura également tendance à acidifier l'organisme. D'autres facteurs sont susceptibles de provoquer une acidification de l'organisme, tels une vie trop sédentaire, les infections, le « stress » (celui-ci se traduit entre autres par une tension musculaire qui, par nature, est productrice d'acides organiques…), qui peut ainsi expliquer certains types de douleurs pouvant être supprimées par la simple absorption de bases. Enfin, certains médicaments peuvent être acidifiants (en particulier les anti-inflammatoires, tel l'acide salicylique qui est un acide carboxylique fort). Leur utilisation aboutit en général après la phase première d'amélioration, grâce à l'effet anti-inflammatoire (par inhibition de la production des prostaglandines pour les anti-inflammatoires non stéroïdiens par exemple), à une aggravation par augmentation de production d'acides fixes… Le tout conduit le plus souvent à un épuisement progressif de l'effet positif… d'où le réflexe courant consistant à augmenter les doses et donc la production d'acides non volatils entraînant une acidose métabolique plus importante…

Cet exemple, afin de montrer l'importance de la régulation thérapeutique de l'équilibre acido-basique et de penser à aider l'organisme à tamponner en cas d'utilisation d'anti-inflammatoires. Cela est d'autant plus important que l'on gère très fréquemment la douleur à l'aide d'anti-inflammatoires et que cette douleur est majorée du fait même de la sensibilité du système nerveux aux acides.

Une place à part doit être réservée à l'alimentation du fait de son caractère diversifié et modifiable. Celle-ci tend en effet à provoquer dans l'organisme de grandes variations d'acidité ou d'alcalinité, et c'est finalement le premier facteur sur lequel il est simple d'agir lorsque le besoin s'en fait sentir.

Un régime végétarien, d'une façon générale, peut apporter une grande quantité de bases provenant des sels alcalins d'acides organiques.

L'organisme, pour conserver un pH stable doit donc réguler le système. À ce niveau intervient un organe fondamental : le rein, qui est le seul organe capable d'éliminer les ions H^+ liés à des anions non volatils, adaptant son excrétion pour maintenir constant le pH plasmatique – sans pour autant oublier le rôle très important du poumon et du système ventilatoire pour les acides volatils.

Nous renvoyons aux ouvrages de physiologie pour les notions sur la loi d'Hendelsohn-Hasselbach, la proportionnalité entre la concentration de CO_2 dans le plasma et la pCO_2, le diagramme de Davenport et l'intérêt de ces concepts en médecine d'urgence et de réanimation.

Les deux catégories de systèmes tampons

Les systèmes tampons sont nombreux et l'on en distingue classiquement deux catégories : les tampons plasmatiques et les tampons globulaires.

○ **Les tampons plasmatiques**
  • *Les phosphates bimétalliques et monométalliques*, dont le pK = 6,8, présente un bon tampon théorique au pH des milieux physiologiques, mais peu efficace en raison de sa faible concentration plasmatique. Il est

cependant le principal tampon de l'urine, et son rôle devient d'autant plus important qu'il existe une acidose prolongée. C'est l'occasion d'évoquer le « pouvoir tampon » de l'os. Le phosphate de calcium, présent dans la portion inorganique de l'os sous forme d'hydroxyapatite est relativement insoluble dans les conditions normales. Mais sa solubilité augmente à mesure que le pH baisse, c'est-à-dire que l'acidité augmente. Donc, si le pH chute au-dessous de sa valeur normale, le phosphate de calcium de l'os se solubilise et les taux plasmatiques de calcium et de phosphate s'élèvent. On peut ainsi considérer le phosphate de l'os comme une « réserve alcaline » qui se trouve mobilisée en réponse à une baisse du pH. Cela est particulièrement important dans les pathologies ostéoarticulaires, car l'hypoxie tissulaire majore ces phénomènes et la perte de substance osseuse augmente, sans espoir d'être améliorée par le simple usage du calcium…

• Les *protéinates plasmatiques*. Au pH du sang, les protéines se comportent comme des polyanions. Les groupements carboxyliques libres des acides aspartique et glutamique peuvent exister sous deux formes : $COONa^+$ et $COOH$. Elles constituent donc un système tampon dont l'efficacité est toutefois limitée par la faible valeur du pK moyen (environ 5).

○ Les tampons globulaires

Trois systèmes essentiels interviennent dans les hématies : bicarbonate/acide carbonique, phosphates bi- et monométalliques et protéines.

Celui des protéines correspond surtout à l'hémoglobine qui joue sur l'équilibre du pH non seulement par son pouvoir tampon, mais aussi par sa capacité de transport du CO_2. Une partie du CO_2 sanguin est fixée sur les groupements basiques de l'hémoglobine selon la réaction $R-NH_2 + CO_2 = R-NH-COO^- + H^+$. La fixation de CO_2 sur l'hémoglobine libère ainsi les ions H^+. Au pH du sang, l'hémoglobine réduite (Hb) et l'oxyhémoglobine (HbO_2) se comportent comme des acides faibles existant en partie sous forme de sels. On peut distinguer deux systèmes tampons : hémoglobinates/hémoglobine et oxyhémoglobinate/oxyhémoglobine. Ces deux systèmes interagissent. En effet, l'oxyhémoglobine est un acide plus fort que l'hémoglobine : quand l'hémoglobine est oxygénée au niveau des poumons, elle libère des ions H^+ ; inversement, au niveau des tissus, l'oxyhémoglobine est réduite et libère des bases. Sous ses différentes formes, l'hémoglobine joue un rôle tampon important dans le sang : il est nécessaire d'en tenir compte et le Dr Kousmine insiste régulièrement sur le contrôle de l'hémoglobine et du fer dans l'organisme. Pour les protéines en général, c'est la chaîne latérale imidazole de l'histidine qui, ayant un pK de 6 à 7, est la plus adaptée au tamponnement à pH 7,4. C'est à ce groupement que la plupart des protéines doivent leur pouvoir tampon, et l'hémoglobine qui possède 36 résidus par molécule en histidine ne fait pas exception.

Le couple bicarbonate/acide carbonique mérite une place à part car c'est sûrement le système tampon le plus important dans les situations d'urgence où la vie est menacée. Cela est en particulier lié au fait que la composante acide anhydre – le gaz carbonique – est volatile et peut être régulée par le poumon (importance des chémorécepteurs et des centres respiratoires) et que le bicarbonate – sa base conjuguée – peut être régulé de façon indépendante par le rein, bien que ce mécanisme ne soit pas très rapide. Il existe une très grande quantité de ce tampon (le gaz carbonique est le produit terminal normal de l'oxydation des lipides et glucides). Ce système bicarbonate/acide carbonique est le meilleur tampon normal dans les liquides extracellulaires et toute perte de bicarbonate doit être considérée comme un événement grave en puissance.

Nous avons déjà évoqué le cas des tampons phosphatés. Un mot sur l'ammoniac (NH_3), déchet azoté, un des produits terminaux du catabolisme protéique avec l'urée, et qui donne l'odeur « ammoniacale » de l'urine. Il emplit une fonction non négligeable sur l'excrétion des ions H^+ sous forme d'ammonium NH_4^+.

Au cours d'une régulation à long terme, les phénomènes paraissent plus complexes. L'étude du pH intracellulaire, lieu de la plupart des métabolismes, est actuellement d'un abord difficile et, de ce fait, la compréhension des mécanismes de régulation est plus délicate. Lors d'affections dégénératives diverses (cancers, polyarthrites rhumatoïdes, myopathies, scléroses en plaques), les processus métaboliques sont ralentis. Il s'ensuit une accumulation lente et progressive de métabolites acides que l'organisme doit tamponner (tout malade chronique est victime d'une certaine anoxie tissulaire).

Nous avons vu que l'os joue un rôle tampon majeur lors des conditions pathologiques notamment par fixation de quantités parfois considérables de chlore (cf. ouvrages du Dr Kousmine).

Rétablir l'équilibre acido-basique

Cela nous conduit à exposer maintenant le rôle fondamental du NaCl dans une régulation à long terme de l'équilibre acido-basique, question que le Dr Kousmine aborde de façon originale.

En cas d'acidification chronique, anormale pour l'organisme, le chlore contenu dans le plasma, qui est une base très faible de l'acide fort HCl, passe du compartiment extracellulaire vers le compartiment intracellulaire où il est capté par les protéines. Il se concentre notamment dans le tissu conjonctif (collagène, réparti un peu partout dans l'organisme et abondant entre autres dans le tissu sous-cutané). Dans le squelette et les fascias, le chlore se fixe au phosphate de chaux pour former la chloroapatite qui progressivement remplace l'hydroxyapatite.

Le sodium (Na^+) restant, acide très faible d'une base forte (OH^-), devient alors disponible grâce au liquide extracellulaire pour neutraliser les acides en excès et en faciliter l'élimination.

Ces conditions réalisées, nous arrivons à une situation paradoxale où les sels alcalins formés d'une base forte et d'un acide faible font dévier le pH plasmatique du côté alcalin. Ainsi, comme le dit le Dr Kousmine : « *Un excès d'acides organiques amène à une alcalinisation du plasma. Cette situation sera corrigée par un apport d'alcalins et aggravée par un apport d'acides, qui de prime abord semble indiqué.* »

L'étude du pH urinaire donne de précieuses indications sur la lutte que mène l'organisme pour conserver son équilibre, en tant que reflet certes lointain du métabolisme, mais facile à vérifier par soi-même à l'aide de papiers réactifs.

Notons à ce propos qu'il existe une chronobiologie dans la physiologie de l'excrétion urinaire et, s'il est « normal » que le pH des urines de la nuit – émises au lever – soit acide, le pH urinaire, au cours de la journée, devrait voisiner le pH plasmatique. Nous conseillons donc aux patients de mesurer régulièrement – trois fois par jour – le pH urinaire, après l'émission des urines du lever, et, au commencement, de le noter. Par la suite, la connaissance affinée de son propre corps ainsi acquise permet de déterminer à l'avance l'influence de tel ou tel événement, tel repas trop acidifiant, une situation de stress…, et donc d'anticiper en apportant les éléments correctifs de façon préventive.

À court et moyen terme, le bicarbonate de soude (et l'eau de Vichy par exemple) est probablement le moyen le plus efficace pour tamponner un excès d'acidité. Cette propriété est connue depuis fort longtemps et quelle pharmacie familiale ne contient pas le bicarbonate de sodium ?

La sécurité d'utilisation des bicarbonates, et mieux des citrates, pour aider l'organisme à tamponner ses acides est liée à la seule vérification qu'il n'existe pas d'insuffisance rénale.

En effet, le rein normal excrète très rapidement les bases en excès dès que le seuil est atteint. Tout se passe comme si l'organisme humain régulait très facilement les excès de bases et très difficilement les excès d'acides. Les reins sains sont tellement bien adaptés à l'excrétion d'un excès de bicarbonate (si le seuil rénal est dépassé) qu'il est en pratique très difficile de provoquer une alcalose par simple administration de bicarbonates ou de citrates à un sujet normal – le citrate est métabolisé dans le cycle de Krebs et transformé en CO_2 qui est hydraté pour donner du bicarbonate.

Dans la situation habituelle, l'organisme devant éliminer ses excès d'acides non volatils, l'excrétion des ions H^+ donne une urine légèrement acide. Encore convient-il de préciser que le pH des urines dépend beaucoup du régime alimentaire. Lorsqu'on dit que le pH « normal » des urines est d'environ 5,5 dans la population générale, il faut dire qu'il s'agit de sujets dont l'alimentation et le mode de vie sont considérés comme normaux par la société : c'est une valeur statistique concernant des sujets carnivores et stressés pour la plupart.

En pratique, seule la présence d'une infection urinaire, d'un trouble du métabolisme du calcium ou de cristaux et calculs exige des précautions d'usage dans ce rééquilibrage acido-basique.

À long terme, du fait des interrelations précédemment citées entre équilibre acido-basique, équilibre hydroélectrolytique et potentiel RED-OX, l'apport de citrates est à la fois simple et efficace du fait que l'ion citrate entre dans la chaîne oxydative au niveau du cycle de Krebs et alimente ou relance la chaîne oxydative.

L'acide citrique joue par ailleurs un rôle non négligeable dans l'hémostase, mais un développement nous entraînerait hors de notre sujet.

Dans une stratégie thérapeutique, on conseille donc très souvent au patient l'adjonction de citrates, de façon pluriquotidienne, avec contrôle du pH urinaire. À cela, on ajoute volontiers un apport multivitaminique et des sels minéraux. Un interrogatoire sur les conduites alimentaires faisant partie de façon systématique de l'entretien avec nos patients, il aboutit à des conseils de réforme alimentaire.

L'ensemble conduit, lorsque ces conseils sont suivis, à une amélioration relativement rapide de l'état général du sujet, avec en particulier une diminution nette de la sensation de fatigue. Il faut en moyenne deux années de rééquilibrage régulier du pH pour constater un retour à un équilibre régulier d'un pH urinaire proche de la neutralité, sans adjonction de citrates. L'observation simple des règles d'hygiène alimentaire et de lutte contre la sédentarité suffit alors à l'entretien.

La cure de vaccins

Dr Philippe-Gaston Besson

Certaines pathologies où intervient un dérèglement du système immunitaire (allergies, maladies auto-immunes) nécessitent l'utilisation de produits plus spécifiques. Il s'agit d'introduire dans l'organisme de très petites quantités de substances qui vont permettre une meilleure régulation de ce système immunitaire. Ces substances, issues pour la plupart de vaccins du commerce, sont sélectionnées en fonction du patient en vue de déplacer la réaction agressive et erronée du système immunitaire.

Cette technique est appelée « cure de vaccins ». Elle constitue le cinquième volet du traitement du Dr Kousmine et s'adresse à certaines pathologies particulières telles que l'asthme, la rhinite chronique allergique, l'arthrose, les polyarthrites chroniques évolutives, les spondylarthrites ankylosantes…

Le but de la cure de vaccins

Que cherchons-nous à obtenir par la cure de vaccins ? Nous cherchons à trouver le moyen de déplacer la réaction auto-immune antigène/anticorps qui se situe, dans une polyarthrite rhumatoïde par exemple, au niveau des articulations, créant une inflammation chronique et une déformation articulaire progressive. Pour cela, le Dr Kousmine a eu l'idée d'utiliser des souches microbiennes du commerce, des vaccins ou de la peptone de viande, toutes susceptibles de provoquer une réaction antigénique.

À cette fin, elle a, au début, utilisé sept souches :
- Tuberculine
- Staphypan (Divasta en France) : staphylocoques
- Colitique Astier : colibacilles
- C.C.B. : streptocoques, pneumocoques, neisseria catarrhalis
- Annexine : gonocoques, streptocoques, staphylocoques
- Pertussin : vaccin anticoqueluche
- Peptone pancréatique qui n'est pas une souche microbienne mais qui se comporte comme un antigène dans certains cas.

Pour les tests cutanés, ces souches sont utilisées diluées au 1/10e (D1), sauf la tuberculine qui est diluée en D3, à cause des réactions parfois importantes qu'elle pourrait entraîner si elle était utilisée en D1. Pour la peptone pancréatique, on utilise une solution stérile à 20 %.

Dans certains cas, les réactions observées au cours des tests étant insuffisantes, l'idée m'est venue d'ajouter aux sept souches initiales du Dr Kousmine d'autres souches:

- Candidine
- Klebsiella pneumoniae
- Salmonella enteritidis
- Corynebacterium cutis
- Proteus morganii

qui sont également utilisées en D1 (concentration originelle correspondant à celle des ampoules de Divasta), à l'exception de la candidine qui est utilisée comme la tuberculine en D3.

Avec ces souches, le médecin pratique des tests cutanés analogues à ceux d'un allergologue, soit une série d'injections intradermiques de 0,1 ml de chaque produit afin de déterminer quelles souches seront utilisées pour la fabrication du vaccin.

La lecture de ces tests se fait plus ou moins rapidement en fonction de la souche:

• après quelques heures pour:	Peptone
• entre 12 et 24 h pour:	Proteus
	Klebsiella
	Salmonella
• entre 24 et 36 h pour:	Pertussin
	Staphypan
	C.C.B.
	Annexine

• entre 36 et 72 h pour :   Tuberculine
                             Candidine
                             Corynebacter

Les souches les plus réactogènes sont sélectionnées (au maximum 3 ou 4) pour fabriquer la
cure de vaccins. Les critères de sélection étant la
largeur du placard érythémateux, l'induration et
éventuellement la douleur.

Le but de cette technique n'est pas dans la règle
de trouver un agent spécifique de la maladie, mais
de trouver un mélange d'allergènes suffisamment
actifs pour, d'une part, induire au cours de la cure
un déplacement à la peau, au lieu de l'injection,
d'une réaction antigène/anticorps et, d'autre part,
de relancer autant que faire se peut une défense
immunitaire normale.

Avec la variété des souches utilisées, il est
quelquefois possible de trouver l'agent causal
de la maladie, et ainsi d'avoir une plus grande
spécificité dans le traitement. C'est en particulier le cas pour certains asthmes avec klebsiella
pneumoniae, pour certains rhumatismes avec
annexine, pour certaines rhinites vasomotrices
avec tuberculine.

Selon les indications données par les tests, on
prépare une série de 6 flacons de 20 ml numéro-
tés de 1 à 6 contenant un mélange des souches
prescrites par le médecin, en dilution dynamisée
croissante comme suit :

- flacon n° 6 = dilution D8
- flacon n° 5 = dilution D7
- flacon n° 4 = dilution D6
- flacon n° 3 = dilution D5
- flacon n° 2 = dilution D4
- flacon n° 1 = dilution D3

Si la ou les réactions aux tests sont fortes (rougeurs importantes, indurations, douleurs, phlyctènes…), on commencera la cure par une dilution plus élevée: D10 pour le flacon n° 6 au lieu de D8.

Si la réaction à la tuberculine est très intense, il faudra soumettre le patient à une cure de trois mois d'antibiothérapie spécifique avant de commencer la cure de vaccins. Il faut savoir qu'une possible recrudescence de la symptomatologie peut se produire lors de cette cure d'antibiotiques. La cure de vaccins ne peut se faire qu'ensuite.

Si la réaction à la candidine est intense, il est également conseillé de faire un traitement spécifique antifongique préalable avant de commencer la cure de vaccins.

S'il n'y a aucune réaction (ou très peu) aux tests, c'est qu'aucune des souches n'est capable d'induire une réaction immunitaire (ce qui est très rare: malades sous cortisone par exemple), ou que le malade n'est plus capable de répondre à une sollicitation antigénique (se méfier du sida!). Il faut dans ce cas traiter l'anergie et refaire les tests après deux à quatre mois.

Protocole de la cure de vaccins

Faire 2 injections sous-cutanées par semaine, en commençant avec une dose de 0,5 ml, et en augmentant la dose de 0,5 ml chaque semaine (première semaine : 2 injections de 0,5 ml, deuxième semaine : 2 injections de 1 ml, troisième semaine : 2 injections de 1,5 ml). Commencer par le flacon n° 6 et procéder de la même façon avec les flacons n° 5, puis n° 4, et ainsi de suite… cela jusqu'à obtenir la dose de réaction (voir plus loin).

Ne pas nécessairement vider les flacons ! Si la dose de 1,5 ml du flacon n° 6 ne produit pas de réaction, passer au flacon n° 5 sans finir le flacon n° 6.

On procède ainsi graduellement jusqu'à obtenir la dose de réaction. Cette dose est atteinte lorsque l'injection produit une réaction quelconque : si elle fatigue, si la place de l'injection devient rouge, ou que l'injection déclenche une recrudescence des symptômes. Dès que cette dose est atteinte, il faut alors espacer les injections et attendre que la réaction de l'injection précédente soit passée avant de faire la suivante.

Puis on répète la même dose (ou une dose moins forte si la réaction a été importante), jusqu'à ne plus obtenir de réaction avec cette même dose.

Ainsi, dès que la dose de réaction est atteinte, il faut augmenter les doses plus lentement : de 0,25 ml d'une fois à l'autre.

Une fois que la dose de 1,5 ml d'un flacon ne produit plus de réaction, on peut passer au flacon suivant, même s'il n'est pas vide.

Enfin, pour le flacon n° 1, il faut augmenter les doses très lentement, par 1/10ᵉ de ml (soit 0,1 ml – 0,2 ml – 0,3 ml… et ainsi de suite jusqu'à 1,5 ml). La cure de vaccin est terminée lorsque l'injection de 1,5 ml du flacon n° 1 ne produit plus aucune réaction.

Les flacons sont à conserver au réfrigérateur.

N'utiliser les flacons que si le liquide est parfaitement limpide et la fermeture intacte.

○ Quelques précisions sont ici nécessaires

La notion de « dose de réaction » se révèle très imprécise en pratique, surtout pour l'infirmière chargée de mener la cure. Il semble que les patients soient très attachés à finir la cure rapidement et dépassent cette dose. Alors apparaissent des « réactions » diverses dont le signe le plus évident est une fatigue et la réapparition ou la recrudescence des symptômes. Généralement, lorsque le téléphone interrogateur arrive chez le médecin, la dose de réaction est dépassée depuis plusieurs semaines, la cure ayant été continuée au même rythme…

Dans la plupart des cas cependant, la cure se déroule pour le mieux, l'amélioration se dessinant peu à peu jusqu'à la fin de la cure.

Le médecin se doit d'être particulièrement vigilant au cours de cette cure qui dure entre six et huit mois, et même davantage. Cela lui laisse le temps de bien suivre et de contrôler l'état de son patient ainsi que ses résultats biologiques.

Dès qu'une fatigue ou la recrudescence de symptômes apparaissent en cours de traitement, et quel que soit le numéro du flacon qui peut en être tenu pour responsable, il faut commencer à espacer les injections. On sort dès lors définitivement du protocole d'approche de deux injections hebdomadaires systématiques pour être à l'écoute des réactions propres du patient. Il faut que les patients (et surtout les infirmières) comprennent que cette cure n'est pas une course et que la fin de celle-ci n'est pas obligatoirement le but à atteindre au plus vite afin d'obtenir une guérison. Le rythme des injections doit être adapté à chacun : certains patients, par exemple, se trouvent au mieux avec une injection tous les quinze jours à partir du flacon n° 3, en gardant la même dose. Cette dose étant progressivement et prudemment augmentée si l'effet de la dose précédente semble s'épuiser et seulement dans ce cas. J'ai en mémoire le cas de cette femme asthmatique qui se trouva au mieux avec une injection de 0,5 ml du flacon n° 2 tous les cinquante-trois jours, et ce depuis trois ans.

La plupart des cures se passent pour le mieux, amenant progressivement un mieux-être et une disparition de la symptomatologie. Il faut être surtout attentif lorsque l'on utilise des souches telles que la tuberculine et la candidine. Dans ces cas particuliers, et pour éviter une aggravation ou une fatigue induite par le traitement, il est hautement souhaitable, comme l'a préconisé le Dr Kousmine, de faire un traitement antituberculeux de trois mois ou un traitement antifongique de trois semaines avant de commencer la cure de vaccins, surtout si les réactions des tests ont été importantes. Il est également conseillé de commencer en dilution D10 ou D12 en début de cure pour ces deux souches, et d'espacer très vite les injections dès qu'une fatigue se fait sentir.

Cinquième pilier du traitement du Dr Kousmine, la cure de vaccins bien menée est très efficace et donne des résultats spectaculaires. Elle ne doit jamais être commencée si la vitesse de sédimentation est très élevée ou si l'intestin n'a pas été préalablement et convenablement nettoyé. Elle ne se conçoit donc que dans le cadre du traitement complet tel qu'il a été précédemment décrit.

Une étude portant sur 42 cas de polyarthrite chronique évolutive répertoriés en 1987 montre les résultats suivants:

○ **Amélioration subjective des douleurs, de la raideur matinale et de l'ankylose :**
  - bon résultat (estimé à plus de 70 % d'amélioration) : 52 %
  - résultat moyen (estimé entre 20 % et 70 % d'amélioration) : 28 %
  - résultat nul (estimé entre 0 et 20 % d'amélioration) : 20 %

○ **Amélioration objective :**
  - bon résultat (amélioration du Latex et du Waaler Rose, normalisation de la vitesse de sédimentation, arrêt des anti-inflammatoires) : 20 %
  - résultat moyen (baisse de la vitesse de sédimentation entre 30 et 50 %, diminution des anti-inflammatoires de plus de la moitié de la dose) : 60 %
  - résultat nul (aucune amélioration des résultats biologiques, pas de modification de la prise des anti-inflammatoires) : 20 %

Sur ces 42 cas, les souches les plus fréquemment utilisées ont été :

• Staphypan	17,33 %
• Klebsiella pneumoniae	16,00 %
• Pertussin	13,33 %
• Candidine	13,33 %
• Proteus morganii	10,67 %
• Tuberculine	10,67 %

- C.C.B.   8,00 %
- Annexine   5,33 %
- Salmonella typhi   2,67 %
- Corynebacterium   2,67 %

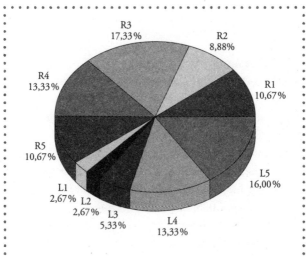

L1 : Corynebacterium cutis   R1 : Tuberculine
L2 : Salmonella typhi   R2 : C.C.B.
L3 : Annexine   R3 : Staphypan
L4 : Pertussin   R4 : Candidine
L5 : Klebsiella pneumoniae   R5 : Proteus morganii

Pour pallier le faible impact antigénique des dernières souches, de nouvelles souches sont actuellement en étude. Ce sont :
- Ribomunyl
- Pyocyanique
- Ducton
- Diribiotine
- Vaccineurine

La technique proposée par le Dr Kousmine est simple : elle obéit à un protocole rigoureux et reproductible pour chaque patient, et ne donne jamais de grosses aggravations, tout au plus une fatigue passagère, ou une petite recrudescence des symptômes toujours de faible durée (signe que la dose de réaction est atteinte, et qu'il faut alors espacer les injections).

C'est une technique souple qui peut aisément être prescrite à des patients demeurant loin, n'importe quelle infirmière étant à même de la mener à bien. Elle donne dans la très grande majorité des cas d'excellents résultats et elle est fiable.

Les implications psychologiques

de la Méthode Kousmine

Dr François Choffat

Nos habitudes alimentaires sont enracinées dans notre histoire personnelle et intime, elles sont aussi un signe d'appartenance à notre groupe social. C'est dire que le malade qui accepte de changer radicalement son alimentation doit en même temps renoncer à une part de lui-même et sacrifier certaines coutumes sociales. Cette décision lourde de conséquences n'est prise que lorsque sont réunies des conditions psychologiques suffisantes pour entraîner sa motivation. Ce choix positif soutient la dynamique de la guérison.

Les réflexions qui suivent sont inspirées de mes expériences avec deux types de malades qu'on pourrait qualifier de « caractéristiques » de la Méthode Kousmine : les malades souffrant de sclérose en plaques et les cancéreux ayant dépassé les ressources curatives de la médecine conventionnelle. Aux yeux de la médecine conventionnelle, ces patients ont en commun la perspective d'une déchéance plus ou moins rapide, menant les uns à l'invalidité, les autres à la mort. Ils sont abandonnés des médecins qui ne leur offrent ni traitement ni espoir.

Nous envisagerons comment le malade et son thérapeute sont tous deux impliqués psychiquement par le traitement Kousmine et comment cette implication va retentir sur leur relation. Nous verrons ce problème sous trois aspects complémentaires : la motivation ; l'influence sur la maladie d'une dynamique psychique positive ; la préparation à la mort quand celle-ci devient inéluctable.

Enfin nous nous pencherons sur une question subsidiaire : l'évaluation scientifique d'un traitement où s'intriquent des facteurs biochimiques et psychologiques.

Importance de la relation
entre patient et thérapeute

L'acceptation d'un changement radical de son alimentation ne peut être, comme nous l'avons déjà dit, que le fruit d'une solide motivation. Le premier facteur de cette motivation c'est la gravité de la maladie. Un diagnostic de sclérose en plaques ou de cancer bouleverse toutes les idées qu'une personne a de sa santé et de sa vie. Le passé, et ses chères habitudes alimentaires, est reconsidéré d'une façon critique, et l'avenir doit être réinventé.

Pour moi il va de soi que le malade doit être informé de son diagnostic exact et qu'il doit être assuré que je le tiendrai au courant de l'évolution de sa maladie, qu'elle soit favorable ou non. Un mensonge de la part du médecin signifie qu'il ne croit plus dans les capacités du malade d'assumer son destin et de lutter; ce manque de confiance ne peut que nuire au malade à plus ou moins longue échéance.

Le choc du diagnostic peut suffire à motiver la conversion alimentaire, à condition que le malade reçoive une image optimiste sur les possibilités qu'un tel traitement lui offre. Ici intervient la conviction du thérapeute. Or il est connu qu'un médecin qui boit ne peut aider un alcoolique, un fumeur ne peut induire le sevrage d'un fumeur, et celui qui a besoin de somnifères prescrira largement ce type de produit à ses patients. Par conséquent, pour être convaincu, et convaincant, le médecin aura dû lui-même expérimenter les effets, et les difficultés, d'un tel régime. Il aura dû surmonter sa répulsion à faire et à prescrire des lavements. Il devra être disponible, patient et savoir renoncer à une médecine technique plus prestigieuse. Il lui faudra se détacher du pouvoir que lui donne son statut social au profit d'un partage de ses expériences. La rencontre d'autres malades s'adonnant au régime renforce la motivation, d'où l'intérêt d'organiser des échanges entre les malades, soit dans des groupes constitués, soit simplement lors de démonstrations culinaires.

Certains facteurs négatifs interviennent aussi, qui vont à l'encontre de la motivation. C'est d'abord l'opposition, manifestée par certains spécialistes, à toute mesure qu'ils n'ont pas prescrite eux-mêmes ou qu'ils ne connaissent pas. Le malade est écartelé entre deux points de vue présentés comme incompatibles, qui pourtant sont complémentaires. Mais la plus grande difficulté chez certains malades est à chercher dans les bénéfices secondaires de leur maladie. Certains cancéreux sont des suicidaires inconscients, qui démissionnent devant des responsabilités ou des chagrins insurmontables. De même la sclérose en plaques représente pour certains un refuge dans la régression et la dépendance.

Quand de tels malades nous consultent, c'est en général sous la pression des proches, mais ils ne sont guère prêts à collaborer : le régime est mal supporté, les lavements sont des tortures, la vitaminothérapie entraîne des effets secondaires insurmontables… et souvent le malade nous quitte. Toute thérapie qui risque d'être efficace est rejetée inconsciemment comme une menace, et la perspective de l'invalidité ou de la mort est moins terrible que le risque de retrouver les charges d'une vie active. Il nous faut reconnaître à temps ces bénéfices présents à divers ° chez chaque malade. Il faut permettre au patient d'en devenir conscient et lui donner l'occasion de prendre la décision de vivre ou revivre. Si cela s'avère impossible, il vaut mieux accepter notre impuissance et renoncer à vouloir le bien du malade contre son gré, sous peine d'une relation thérapeutique destructive.

Les études sur la sclérose en plaques décrivent cette affection comme euphorisante dans 25 % des cas. Or, parmi les quelques dizaines de malades que je suis, je n'en connais qu'un qui soit franchement euphorique, et ce n'est pas un hasard si c'est le malade dont l'état est le plus grave et dont l'évolution est la plus mauvaise, car il est aussi le moins motivé à suivre son traitement, persuadé que tout va bien pour lui. C'est sa famille qui lui impose le traitement dans la mesure de ses moyens car elle en a constaté les résultats. Ces sclérosés en plaques euphoriques n'ont pas de raison de consulter les élèves du Dr Kousmine, si bien que notre casuistique n'est pas représentative de l'ensemble des victimes de cette maladie.

La dynamique psychique positive

Dans la médecine conventionnelle le malade souffrant de sclérose en plaques ou de cancer avancé subit passivement des mesures techniques, souvent inutiles et désagréables. Le médecin, qui est censé détenir les clefs de la guérison, cache souvent son désarroi derrière des paroles rassurantes. Rien ne permet au malade d'envisager avec espoir sa destinée, il attend, plein d'incertitude et d'angoisse. Rien n'est plus désespérant que l'attitude de ces spécialistes qui rejettent toute proposition du malade de participer à son propre traitement, d'une manière ou d'une autre.

À l'inverse, la thérapie Kousmine engage le malade dans un processus actif. Chaque repas, chaque renoncement, chaque changement d'habitude, lui permet d'affirmer son désir de guérir. Ces actes mobilisent la pensée, soutiennent la volonté, modifient l'image subjective de la maladie, recolorent l'avenir.

Tous les jours, je reçois des gens qui consultent pour une affection subaiguë bénigne, une grippe qui traîne, un lumbago, etc., et qui s'étonnent que leur mal ait commencé à disparaître du jour où ils ont pris rendez-vous. Ce n'est pas une coïncidence, et la décision de se faire soigner, de participer à leur santé en prenant le temps de consulter, a déclenché le processus de guérison. Ce mécanisme est valable aussi dans les maladies chroniques, mais le « vouloir guérir » doit être renouvelé quotidiennement.

Depuis les publications de Carl et Stéphanie Simonton, on connaît mieux l'effet objectif de la pensée positive dans la guérison des cancers. À côté des techniques spécifiques proposées par les Simonton, on peut dire que tout ce que fait le malade pour lui-même, régime bien sûr, mais aussi yoga, sophrologie, prière, changement de vie, cures diverses, etc., contribue à soutenir cette pensée porteuse de guérison.

La disposition positive du malade à l'égard de sa santé est une des deux composantes de l'effet placebo. L'autre appartient au médecin, elle est associée à sa foi dans le traitement et à son désir réel de guérir le malade. Le médecin est responsable de la qualité de son effet placebo, ce qui implique une meilleure connaissance de sa façon d'être, une présence et une attention soutenues dans la relation thérapeutique. Cela sous-entend aussi la maîtrise de sa technique, ici ses connaissances nutritionnelles, afin d'avoir la conviction de disposer de la meilleure méthode et d'être le plus compétent possible.

L'approche de la mort

Souvent les cancéreux nous consultent trop tardivement, et même si nous avons les moyens d'améliorer la durée ou la qualité de leur survie, l'objectivité nous oblige à considérer l'éventualité d'une issue fatale. Pour moi, la thérapie du cancer avancé implique une réflexion sur la mort. D'abord parce que ma pratique de la Méthode Kousmine attire un nombre inhabituel de cancéreux et qu'il m'a bien fallu en accompagner plusieurs dans ce passage difficile. Ensuite, parce que le cancer est toujours associé, dans notre société, à la menace de la mort et qu'il faut affronter cette idée avec le malade pour désarmer des émotions négatives.

Chacun de nous a le droit d'aborder sa mort en pleine conscience ; c'est l'idée que nous nous faisons de la mort qui finalement scelle le sens de la vie. Aujourd'hui le personnel médical, plus que le prêtre, est présent jusqu'au bout de la vie, et trop souvent nos interventions dépossèdent le mourant de sa propre mort, que ce soient nos techniques désespérées de réanimation, nos tranquillisants, notre agitation, notre refus du dialogue ou nos mensonges. Pourtant, dans cette ultime épreuve, malade et thérapeute peuvent vivre la relation la plus dense, la plus enrichissante. S'ils acceptent ce partage, c'est ici qu'ils sont le plus intimement impliqués l'un et l'autre. Or, comment concilier un nécessaire optimisme avec la préparation à l'échec du traitement? Il y a en fait deux types de relation : dans le premier, le malade obéit au thérapeute et suit passivement le traitement ; dans le deuxième, le malade est informé avec exactitude de son état, des possibilités thérapeutiques qui lui sont offertes, et participe activement à ce qu'il pense lui convenir. Dans cette deuxième façon de faire, qui correspond mieux à ma sensibilité, l'information positive est introduite dans une première phase, en même temps que s'établit une relation de confiance où le malade reçoit l'assurance que je lui dirai toute la vérité, quelle que soit l'évolution de la maladie. Ce contrat moral est souvent très bien accepté.

Ce n'est que lorsque les efforts thérapeutiques échouent objectivement que, sur la base des constatations objectives, j'essaie d'amener le patient à envisager une issue fatale tout en gardant l'espoir d'une rémission toujours possible. Cette ambivalence est réaliste, elle est le nœud même de la condition humaine : tous les jours nous risquons de mourir, et tous les jours nous voulons vivre, le risque est simplement plus marqué dans certaines conditions.

Pour comprendre les réactions du malade, il faut nous adresser aux travaux d'Élisabeth Kübler-Ross qui décrit cinq phases psychologiques successives par lesquelles il passe quand on lui annonce une issue fatale, ces phases sont présentes dans tout « travail de deuil ».

1 • Le refus, l'information est considérée comme fausse, la réalité est niée.

2 • La révolte, la réalité est inacceptable, phase d'émotions violentes, de colère.

3 • Le marchandage, phase du « oui, mais », « pas tout de suite », « on va peut-être découvrir un traitement entre-temps »…

4 • La dépression, c'est la résignation dans la pire souffrance.

5 • L'acceptation, avec elle vient la sérénité, le mourant peut devenir rayonnant pour son entourage.

En étant attentif, on voit le malade évoluer d'une phase à l'autre et on peut éviter de contrarier le processus. L'accompagnant doit permettre le dépassement du refus, encaisser la révolte, faire durer le marchandage tant que le moindre espoir persiste dans les ressources du malade ou du traitement, tout en évitant de faire miroiter d'illusoires thérapies miracles, enfin l'aider à finir son deuil en sachant que ce travail débouche sur la sérénité. Ici le soignant ne peut tricher, il doit avoir résolu une partie de ses propres angoisses, de sa propre révolte face à sa mort. Mais il peut partager ses doutes, et le malade pourra l'aider en retour. Je dois dire que chacune de ces expériences m'a aidé à avancer face à la perspective de ma propre mort.

Peut-on évaluer scientifiquement
la méthode?

Comment évaluer scientifiquement une méthode qui comporte tant d'implications psychologiques? Sans même que soient évoqués ses effets psychologiques positifs, la thérapie nutritionnelle de Kousmine est déjà qualifiée par la médecine officielle de méthode « non scientifiquement reconnue ». Une des raisons de ce rejet réside dans les conceptions épistémologiques courantes. Est reconnue comme scientifique la description d'un phénomène isolé, reproductible, extérieur à l'observateur, et provoqué par une cause unique. C'est le déterminisme unifactoriel qui est un des principes fondateurs de la pensée scientifique et de la médecine contemporaine. Les connaissances médicales, puisées dans des expériences in vitro et chez l'animal, sont appliquées à l'homme par extrapolation.

Cette vision s'est avérée très efficace pour les spécialités techniques de la médecine, la chirurgie et la réanimation surtout, mais elle semble impuissante ou, pour le moins, insuffisante dans les problèmes de médecine pratique et en particulier dans les maladies chroniques ou dégénératives. Depuis vingt ou trente ans non seulement la médecine n'a pas fait de progrès dans le traitement de la sclérose en plaques ou du cancer, mais elle assiste impuissante à une augmentation sensible de la prévalence de ces affections dans notre société. Il est reproché, entre autres, à la Méthode Kousmine d'agir sur un nombre quasi illimité de facteurs en modifiant l'alimentation et en introduisant des compléments nutritionnels. À plus forte raison quelle serait l'appréciation officielle si on reconnaît les effets positifs des implications psychologiques de cette thérapie ? Pour moi il est évident que la méthode possède une efficacité propre, indépendante des effets psychologiques, comme je l'ai observé chez des malades astreints au traitement sans leur consentement.

La médecine conventionnelle méprise l'effet placebo et met tout en œuvre pour l'éliminer (peut-être parce qu'il ne se vend pas ?). Pour évaluer un traitement on s'ingénie à supprimer les deux composantes de l'effet placebo, soit, d'un côté, la confiance du malade et, de l'autre, la conviction du médecin. C'est la justification des essais en « double aveugle », mais faut-il vraiment que malade et médecin soient tous les deux aveugles ? Des objets dénués d'émotion ? Dans les sciences de la matière, le principe du déterminisme est dépassé, en physique des particules on sait que les phénomènes observés dépendent de la présence et du regard de l'expérimentateur, comment pourrait-il en être autrement dans les sciences de la vie ?

Mépriser l'effet placebo c'est se vouer à l'ignorance quant à la part la plus riche, la plus originale, la plus prometteuse de l'être humain. De même quand un cancer guérit en dépit du pronostic médical on pense résoudre l'énigme en la qualifiant de « guérison spontanée ». C'est prétendre implicitement qu'il n'y a pas de cause à ce phénomène, ce qui est sans rapport avec l'attitude scientifique, c'est aussi s'interdire toute recherche dans une direction nouvelle

Je crois qu'il faut « revendiquer » l'effet placebo, c'est-à-dire l'étudier sérieusement comme une des causes de guérison, le renforcer dans la mesure du possible. Il ne doit pas être mensonge, mais fondé sur un optimisme solide et raisonnable. Il ne faut y renoncer que dans des situations d'exception, comme quand il s'agit d'amener un malade vers le cinquième stade de Kübler-Ross, celui de l'acceptation. À ce moment, faire miroiter un espoir de guérison risque de ramener le malade dans les souffrances des stades précédents.

Je crois pouvoir affirmer que, en réalité, c'est toute la médecine pratique qui est « scientifiquement non reconnue ». Il est impossible de réduire à des conceptions mécanistes révolues toute la complexité de l'équilibre et de l'évolution d'un être humain dans sa santé. Pourquoi rejeter une thérapie, quelle qu'elle soit, au nom du dogme scientifique ? Les médecins ne sont pas les prêtres du dieu Science, mais des hommes pour qui tous les moyens d'aider les malades devraient être bienvenus.

Le temps est venu d'adopter des concepts nouveaux qui permettent d'envisager toutes les thérapeutiques dans leurs effets sur l'homme dans son intégralité, sans préjuger des hypothèses qui les sous-tendent. Ces conceptions globales de la santé sont déjà familières à la plupart des médecines complémentaires, comme l'homéopathie, l'acupuncture ou l'ostéopathie. Elles se regroupent sous l'étiquette de la médecine holistique. Elles demandent à être développées, mais leurs lignes directrices sont déjà bien définies et s'intègrent dans le cadre de la pensée systémique.

Pour conclure, c'est grâce au Dʳ Kousmine que nous avons la chance de disposer d'une méthode qui nous permet, en particulier, d'aider les malades dans des affections graves où les procédés classiques sont inopérants. Mieux encore, elle permet aussi, par son aspect préventif, de limiter la prévalence de ces affections.

Cette méthode, simple sur le plan technique, exige, pour porter pleinement ses fruits, une connaissance de ses implications psychologiques chez le malade et un engagement personnel parfois intense du médecin. Elle peut être, à travers une relation thérapeutique originale, l'occasion d'un enrichissement mutuel.

La thérapie nutritionnelle nous invite non seulement à perfectionner nos connaissances sur la chimie de la vie, mais surtout à progresser dans l'exploration de nous-mêmes. Enfin elle nous projette dans une vision nouvelle de la médecine, le paradigme holistique, qui est un merveilleux outil de réflexion, un royaume à découvrir.

La consultation « Kousmine »

Dr André Denjean

La Méthode Kousmine est une médecine totale, une médecine holistique qui appréhende le malade et la maladie dans leur globalité.

À tous les stades de sa vie, l'être dépendra de son environnement et de la manière dont il l'utilise :
- aliments
- oxygène/air
- activité/mouvement
- repos/sommeil
- rythme/biorythme

Il dépendra également de sa pensée et de la manière dont il l'utilise :
- soit de façon positive avec foi, espoir, confiance, intelligence dans le sens d'une bonne compréhension des lois de la nature ;
- soit de façon négative, c'est-à-dire l'inverse.

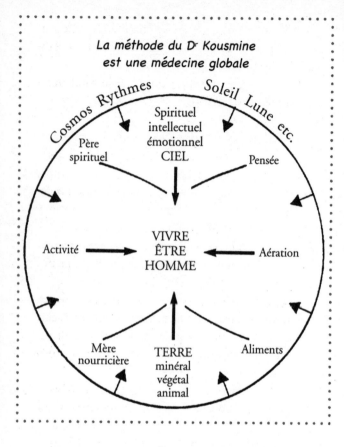

La méthode du Dr Kousmine
est une médecine globale

Cosmos Rythmes   Soleil Lune etc.

Père spirituel

Spirituel
intellectuel
émotionnel
CIEL

Pensée

Activité → VIVRE ÊTRE HOMME ← Aération

Mère nourricière

TERRE
minéral
végétal
animal

Aliments

Catherine Kousmine croit fermement au fait que « Dieu Nature » a la bonté et le souci de mettre à notre disposition une solution simple et naturelle à tous nos maux pour les guérir. Il ne reste plus qu'à la chercher.

Ces solutions simples et naturelles redécouvertes par le Dr Kousmine sont présentes dans toutes les traditions spirituelles.

Cette sagesse profonde constitue le fondement de la médecine globale.

« Méthode Kousmine » est souvent synonyme de crème Budwig : quel jugement hâtif ! Il suffit d'assister à sa consultation pour se rendre compte qu'elle utilise comme agent thérapeutique toutes les thérapeutiques biologiques et toutes les forces de la Nature :

- marche et sport en plein air sont recommandés quotidiennement, au minimum une heure par jour ou sept heures par semaine ;
- repos suffisant et respect des rythmes (heure des repas, heure du lever et du coucher). À chacun de rétablir la régularité de son biorythme ;
- l'alimentation reste le centre de toute notre stratégie ;
- la relation personnelle avec son patient et la confiance envers les lois naturelles qu'on doit lui transmettre donne l'élan primordial et la dynamique qui mènent sur le chemin de la guérison ;
- l'utilisation selon les besoins du malade d'une thérapeutique biologique qui lui convienne (vitaminothérapie, équilibre acido-basique, homéopathie, neurothérapie, vaccinothérapie, ostéopathie, phytothérapie, etc.).

Chaque médecin mènera la consultation à sa manière, en s'adaptant bien sûr à la demande qui lui est formulée, mais de nombreux renseignements seront notés.

- *Les antécédents médicaux*: maladies infantiles, maladies infectieuses, infections à répétition (ORL, cutanée, urogénitale), les vaccinations et leur suite. Les antécédents seront notés en se rappelant que toute pénétration antigénique dans l'organisme peut être le point de départ d'une pathologie auto-immune.

- *Les antécédents chirurgicaux* en s'attachant à connaître la cause de l'acte. Par exemple une appendicite simple n'aura pas le même effet sur le système immunitaire qu'une appendicite avec péritonite; une cicatrice d'intervention pourra être le point de départ d'une pathologie à distance (neuralthérapie).

- *Les traumatismes* quels qu'ils soient pourront laisser une empreinte dans nos tissus qu'il sera bon de considérer à l'aide de techniques spécifiques (ostéopathie).

- *Les traumatismes psychologiques* non complètement « digérés » exigeront une certaine démarche.

- *Les antécédents familiaux*: la recherche du Dr Kousmine faite à ce niveau est très révélatrice quant à l'évolution des maladies dégénératives (voir *Sauvez votre corps*).

- *Le mode alimentaire* sera étudié de façon détaillée quant à la provenance et la marque de certaines denrées (pain, huile, beurre, pâtisseries…). L'interrogatoire recherchera le moindre dysfonctionnement. Toutes les fonctions (digestive, respiratoire, cardiovasculaire, urogénitale, cutanée, articulaire, veille/sommeil) seront analysées.

L'examen clinique complet sera fait et individualisé selon la pathologie dégénérative (rhumatologie, neurologie, cancérologie) en tenant compte des critères cliniques les plus admis.

Les examens complémentaires biologiques nécessaires à la recherche d'une fonction défectueuse seront demandés (hépatique, rénale). La biologie a rapidement évolué ces dernières années et il est possible de faire des diagnostics précoces de maladies auto-immunes sans le moindre signe clinique. Connaissant le rôle préventif de la Méthode Kousmine, les profils protéiques et les bilans de l'immunité cellulaire sont essentiels au diagnostic prédictif.

Les bilans seront faits tous les deux, quatre, six mois suivant l'évolution de la pathologie, afin de surprendre la moindre stabilisation ou amélioration, ce qui encouragera le malade. Dans le cas contraire, l'aggravation le rendra encore plus vigilant.

L'interrogatoire, l'écoute, l'observation, la palpation, l'examen nous permettront de savoir si le patient se met dans des conditions cliniques optimales de guérison : peau correcte, cheveux corrects, ongles corrects, langue correcte, dents correctes, intestin correct, muscles corrects.

○ La peau

Elle va nous renseigner sur un éventuel mais très fréquent défaut en vitamine F. Elle sera d'autant plus sèche des extrémités vers la racine des membres que le déficit sera grand. Écailleuse et associée à une soif importante, elle signera à coup sûr le déficit qui ne sera comblé qu'en plusieurs mois. Elle pourra nous indiquer aussi l'existence d'une toxi-infection intestinale (boutons, acné).

○ Les cheveux

Ils devront être gonflants, vigoureux. Dans le cas contraire, il pourra s'agir d'une déminéralisation ou d'un déficit en vitamines B. Leur chute est souvent associée à des carences multiples et variées (vitamine F). Leur aspect gras à un excès de consommation de sucreries et de graisses.

○ Les ongles

Ils devront être durs, lisses, roses, non striés, non épaissis, non déformés, sans taches blanches. Des ongles mous, cassants et tachés sont le signe d'une hyperacidité ou d'une déminéralisation (calcium, phosphore, zinc, vitamine D). Une mycose unguéale devra faire rechercher une mycose digestive. Cela est souvent synonyme d'acidité et d'excès de sucre ou de gluten.

○ La langue

De longs traités médicaux ont évoqué cette clinique. Retenons qu'une langue avec un enduit épais et brunâtre à sa base signe la toxi-infection et la surcharge intestinale : cela sera une grande indication de la pratique de la diète et des lavements intestinaux. La langue doit être propre, rose, sans dépôt.

Adelle Davis, dans son livre *Les vitamines ont leurs secrets*, décrit toute une clinique intéressante au sujet de la couleur de la langue et des déficits en vitamine B.

Les dents

Le nombre de caries, soignées ou non, est en rapport avec la déminéralisation, l'excès d'acide et la toxi-infection intestinale. Les foyers infectieux froids à rechercher systématiquement par radio panoramique dentaire peuvent entretenir ou être le point de départ d'une maladie auto-immune. Leur traitement par un neuralthérapeute dentaire sera dans ces cas miraculeux.

○ L'intestin

La constipation est trop souvent acceptée comme un état normal. On peut apprendre qu'elle est parfois traitée depuis des années par des huiles de paraffine qui fixent toutes les vitamines liposolubles (A, D, E, K) et les éliminent dans les selles.

Souvent la constipation est la cause d'une toxi-infection intestinale chronique et entretient par cette voie une maladie auto-immune. Dans tous les cas il faudra régulariser le fonctionnement du gros intestin : cela est fondamental. Une selle normale est quotidienne ou biquotidienne. Elle est souvent matinale et est constituée par une selle moulée dure de couleur brune de 20 à 30 cm de long et 3 à 4 cm de diamètre, correspondant au repas du matin et de midi de la veille, qui se termine par une selle plus molle correspondant au repas de la veille au soir. Le poids des selles, si l'on se nourrit naturellement doit être de 250 à 550 g, alors que la moyenne de la population occidentale fait une selle de 80 à 120 g (Burkitt).

○ Les muscles

Leur palpation nous donne l'état de l'équilibre acido-basique. En effet, on devrait pouvoir palper les trapèzes, les scalènes, le quadriceps et enfoncer la pression jusqu'à l'os sans douleur. Dans le cas contraire, il s'agit d'un excès d'acidité du milieu intérieur. Les lumbagos, souvent accompagnés d'une psoïte, sont dus à un excès d'acide dans le psoas.

Cette approche clinique devra être faite au minimum tous les six mois pour dire si notre patient s'est mis dans « les conditions cliniques optimales de guérison ». On contrôlera aussi s'il s'est mis dans les conditions biologiques optimales de guérison par certains tests hépatiques, rénaux et vasculaires.

Si les conditions ne sont pas réalisées, le médecin en cherchera la cause et aidera par des conseils ou des traitements plus spécifiques.

L'intérêt psychologique de cette consultation Kousmine est évident. Cette simple approche clinique est thérapeutique en elle-même. En aucun cas elle ne doit être sous-estimée.

À la recherche
de l'immunité perdue

Dr Patrick Paillard

*Texte remis par le Dr Patrick Paillard à certains de
ses patients afin de leur permettre de mieux saisir
l'engagement thérapeutique dans lequel s'inscrit la
consultation médicale selon la Méthode Kousmine.*

Élimination des facteurs de risque

○ *Suppression lente de toute classe de drogue* (tabac,
   marijuana, alcool, café, thé, sodas…)
○ *Suppression progressive des médicaments à poten-
   tialité toxique*, à remplacer par des thérapeutiques visant à rééquilibrer les divers systèmes
   physiologiques : aroma-phytothérapie, oligo-
   vitaminothérapie, diététique, techniques psy-
   cho- et kinésithérapiques…

○ *Réforme alimentaire*
- Suppression progressive des aliments industriels ou raffinés.
- Le premier but n'est pas obligatoirement l'élimination de la viande, mais plutôt l'utilisation des végétaux.
- Remplacement des boissons excitantes par des boissons saines.
- Substitution des huiles raffinées par des huiles biologiques de première pression à froid, riches en acide cis-cis linoléique (vitamine F).
- Remplacer les céréales raffinées par des céréales complètes de culture biologique.
- Remplacer le petit-déjeuner du matin à base de calories vides par la « crème Budwig » élaborée par le Dr Catherine Kousmine, ou fruits frais, oléagineux et céréales fraîchement moulues.
- Introduire les crudités (salades ou fruits frais) en entrée. Ne pas terminer un repas abondant par une préparation sucrée. L'habitude de placer *le cru avant le cuit* assure une meilleure digestion et amoindrit les sensations de somnolence qui peuvent apparaître après un repas composé uniquement d'aliments cuits.
- La démarche vers une nourriture saine est à réaliser avec bon sens, voire avec prudence. Rechercher avant tout un bien-être physique et psychique dans un contexte d'équilibre.
- Parfois, si possible, un changement de résidence est souhaitable.

Phase de désintoxication

- Nécessité, le plus souvent, d'un lieu spécialisé, sous contrôle médical rigoureux, d'une durée d'environ un mois à un mois et demi, où l'on pratique une monodiète à base de fruits généralement (pouvoir antitoxique, diurétique, antioxydant…). Il peut y avoir alternance de diète avec prise de jus de fruits et légumes.
- Il faut tenir compte des répercussions psychiques, des crises éliminatoires (nervosité, insomnies, douleurs passagères…).
- De longues promenades dans la nature, des bains de soleil modérés, des exercices de relaxation, respiration, yoga sont souvent de précieux adjuvants.

Phase de régénération et renforcement du système immunitaire

- Rechercher l'alimentation la plus saine possible, à base de produits biologiques frais, sans engrais chimiques ni insecticides.
- Durée deux à trois ans.
- Le but essentiel est l'alcalinisation du sang et l'amélioration de la viscosité sanguine.
- Lutter contre la constipation. La diète présente un caractère crudivore qui apporte un

maximum de vitamines, oligo-éléments et ferments : fruits, légumes verts, graines, céréales complètes, produits laitiers frais en faible quantité, sucre non raffiné, huiles de première pression à froid riches en vitamine F…

- La vitamine C possède un grand pouvoir immunisant : boire des jus de fruit frais à base d'orange, citron, pamplemousse, ananas tropical, papaye, kiwi…
- Le pissenlit, le cresson, le chou, la betterave rouge crue en jus, sont des activateurs importants de nos systèmes de défense. L'ail et l'oignon présentent des propriétés antiseptiques.
- Des cures comme l'hélio-, l'hydro-, l'éolo-, la géo- ou la thalassothérapie sont des compléments très souvent bénéfiques, ainsi que des brossages à sec, des frottements froids, des drainages lymphatiques…
- Une ouverture sur la vie intérieure avec méditations et prières se crée souvent avec cette modification qui se fait en soi.

Approche alimentaire
et immunitaire du sida

Dr Catherine Kousmine

Depuis la Seconde Guerre mondiale, l'usage des graisses chauffées lors de leur préparation à 160 et 200 °, donc mortes et altérées, s'est de plus en plus généralisé; celui des huiles vierges, qui étaient consommées à l'état cru, qui était quotidien avant 1940, a plus ou moins disparu, cela par méconnaissance de l'importance fondamentale de ce geste traditionnel qui était, une à deux fois par jour, lors des repas, de mélanger de l'huile vierge aux aliments de son assiette.

La transformation
de la qualité des huiles

Lors de la Seconde Guerre mondiale, il y eut rationnement et crainte de famine. On invita les huileries à produire davantage d'huiles à partir des graines disponibles. Par pression à chaud, le rendement augmenta, doubla presque. Les nouvelles techniques fournirent des produits impeccables du point de vue commercial, plus stables et se conservant mieux.

La guerre finie, rares sont les producteurs qui revinrent aux techniques anciennes de pression à froid, soit en dessous de 40 ° et sans addition de solvant.

Le marché mondial s'appauvrit dangereusement en acide linoléique cis-cis, forme naturelle biologiquement active de la vitamine F. Lui fut substituée en abondance la forme cis-trans, qui non seulement est inactive, mais encore augmente le besoin en vitamine F. Il en est résulté un état de carence, qui s'exprime par une multiplication et une multiplicité de maladies dégénératives, difficiles à maîtriser autrement que par un apport abondant de vitamine F biologiquement active et la suppression des graisses techniquement dénaturées, auxquelles appartiennent tout spécialement les graisses dites végétales, formées de molécules étrangères à la nature, et les margarines qui en dérivent.

La carence en vitamine F se manifeste au niveau de la peau par une rugosité, une sécheresse et une desquamation anormales, présentes actuellement chez la plupart de nos contemporains. Vient ensuite une soif exagérée par déperdition excessive d'eau, par respiration.

La vitamine F se trouve dans toutes les membranes cellulaires et en assure l'étanchéité normale. En outre, elle est la matière première à partir de laquelle sont produites les prostaglandines PGE ; la PGE2 servant à la défense contre l'agent agresseur, la PGE1 veillant à ce que cette défense soit adaptée au besoin momentané et ne soit pas excessive, entraînant à la limite la mort cellulaire.

Or, cette protection contre le monde extérieur, tant au niveau de l'étanchéité qu'au niveau de la réaction de défense, est indispensable au maintien de l'équilibre immunitaire.

La destruction systématique de la vitamine F, biologiquement active, devait donc nécessairement aboutir à la multiplication des maladies de l'immunité.

Le déséquilibre immunitaire
à la base des maladies dégénératives

En étudiant de plus près les maladies dégénératives modernes, dites *de civilisation*, j'ai pu me convaincre qu'à leur base il y avait toujours un déséquilibre immunitaire et qu'elles répondaient toutes favorablement à des mesures thérapeutiques identiques, tendant à rétablir cet équilibre.

Ce traitement cherche à supprimer tous les excès et toutes les carences alimentaires, et avant tout celles en vitamine F : il comporte un apport large de catalyseurs divers, naturels et pharmaceutiques, la suppression de l'acidose métabolique, une normalisation de la fonction intestinale ; l'intestin devenant source d'intoxication permanente en l'absence de quantités normales de vitamine F.

J'ai pu ainsi répartir les maladies dégénératives en groupes selon le désordre immunitaire qui les caractérise :

- *Groupe I :* immunité déficiente chez les enfants ou les adultes qui passent d'une infection banale à une autre, le plus souvent au niveau des voies respiratoires supérieures (rhinites, pharyngites, sinusites, angines, bronchites) ou des voies urinaires (cystites récidivantes).
- *Groupe II :* immunité exubérante chez les allergiques et les rhumatisants.

- *Groupe III:* immunité dévoyée ou perverse dans les phénomènes tumoraux, bénins d'abord, malins ensuite.
- *Groupe IV:* immunité aberrante dans les maladies auto-immunes, dans lesquelles tel tissu ayant fixé une toxine ou un virus est considéré comme étranger à l'organisme et à détruire (sclérose en plaques, sclérodermie, lupus rénal, cérébral, myopathies, certains diabètes, etc.).

Avec cette façon de voir il coulait de source que le sida, maladie nouvelle, n'était qu'une nouvelle manifestation de désordre immunitaire d'un *groupe V:* celui de l'immunité perdue.

Il était donc intéressant de voir, comment les infectés au rétrovirus de cette maladie réagiraient à ce même traitement, et s'il était possible, chez eux aussi, de normaliser les réponses immunitaires.

Cas 1 • Une petite fille de deux ans et demi

Est venue à ma consultation le 14 janvier 1986 une petite fille d'environ deux ans et demi, dont la mère était décédée du sida, début 1985. Elle est arrivée en Suisse le 6 août 1985. Elle fut trouvée HIV positive et prise en charge par le service universitaire. Elle fut soignée par des antibiotiques et des perfusions bimensuelles d'immunoglobulines (sandoglobuline 3 puis 6 g en perfusions). Son état ne cessa de s'aggraver et le médecin avertit la mère adoptive qu'il fallait s'attendre dans les prochaines semaines, ou mois, à une issue fatale.

À la consultation du 14 janvier 1986 :
- Poids : 10,8 kg (déficit de 500 g par rapport à la taille).
- Taille : 82 cm (déficit de 12 cm par rapport à la taille normale pour un enfant de cet âge).
- Présence de nombreux globules rouges dans le sédiment urinaire.

L'enfant gisait, épuisée.

Ce qui était avant tout frappant, c'était l'énorme sécheresse de la peau qui, surtout aux jambes, était fripée, finement ridée, comme chez les grands vieillards. Elle était parsemée, sur tout le corps, de papules minuscules suspectes de sarcome de Kaposi : elles furent biopsiées le 5 février, soit après trois semaines de mon traitement ; on ne trouva que du tissu cicatriciel !

Elle souffrait depuis plusieurs semaines de diarrhées et de toux, avec ronchus et sibilants sur les deux poumons, avec des poussées de fièvre de 40°. Le foie et la rate étaient palpables à 4 cm au-dessous des côtes ; les ganglions lymphatiques étaient partout légèrement agrandis.

En 1923, lors des leçons de physiologie, feu le Pr Arthus voulut nous démontrer l'action très impressionnante de la vitamine B1 dans l'avitaminose expérimentale du pigeon. Celle-ci avait été induite en le nourrissant uniquement de riz blanc, poli, celui que nous achetons dans nos épiceries. L'animal gisait inerte, couché sur le flanc et semblait en fin d'existence. Le professeur lui injecta une fraction de milligramme de vitamine B1 pharmaceutique. Deux à trois minutes plus tard, le pigeon se mit sur ses pattes et secoua ses ailes. Cette expérience fut si frappante qu'aujourd'hui, soixante-cinq ans plus tard, je m'en souviens encore.

C'est à cette expérience que ressemble le plus ce que j'ai observé chez la petite fille atteinte de sida !

La petite fille revient à la vie

Il est bien connu que le rétrovirus du sida bloque la croissance des jeunes enfants. Tel avait été le cas de ma malade qui, le 14 janvier 1986, avait un déficit de taille de 12 cm. Sa croissance reprit dès le premier mois de traitement ! et cela d'emblée à un rythme fortement accéléré de 1,5 cm en un mois, de 15 cm en dix mois et demi. Puis elle se ralentit à 6 cm en neuf mois (norme 5). Tous ceux qui l'observaient furent émerveillés de voir avec quelle rapidité elle revenait à la vie. Après un mois de traitement, et pour la première fois de son existence, l'enfant se mit à courir.

La diarrhée disparut dès que furent faits les lavements vespéraux, suivis de l'instillation de 10 ml d'huile de tournesol vierge et de 5 ml de vitamine F. Cela tous les soirs pendant deux semaines, puis deux fois par semaine. L'infection des voies respiratoires supérieures qui avait débuté le 20 décembre 1985, encore présente le 14 janvier 1986 malgré les antibiotiques, disparut le 4 février 1986. La rate reprit un volume normal, puis ce fut le tour du foie. En octobre 1986, l'enfant, quoique encore anémique (64 % d'hémoglobine), était en bonne santé apparente. Les salmonelles présentes dans les selles, malgré les désinfectants intestinaux, avaient enfin disparu après une cure de Bioflorin, normalisateur de la flore intestinale. Les globules rouges disparurent du sédiment urinaire.

Dès juillet 1986, les perfusions de gammaglobulines furent espacées à un mois.

En décembre 1987, son frère adoptif fit une forte grippe avec fièvre. La petite, pour la première fois, ne se contamina pas à son contact : sa capacité immunitaire était rétablie.

Au 15 mars 1989, l'enfant va à l'école normalement et son état de santé est tout à fait satisfaisant.

Elle a été le seul cas d'enfant que j'ai pu observer. Cela a été une chance que d'avoir affaire, pour une première expérience, à un cas de « sida pur ». Les dix autres cas qui ont suivi ont été celui d'une femme enceinte (ARC) et ceux de neuf

plus ou moins « mauvais garçons », tous homosexuels, la plupart tabagiques et ayant eu d'autres
maladies vénériennes, quelques-uns drogués.

Cas 5 • *Un malade perdu à court terme*

Un malade, âgé de 40 ans, au même stade de sida
que la petite fille, est venu me trouver le 2 juillet
1987, un an et demi après la découverte de sa
séropositivité en janvier 1986. Dès ce moment,
il se sent de plus en plus mal, il est subfébrile, a le
teint gris et perd 10 kg en six mois. En mai 1987
apparaissent sur sa peau de nombreuses petites
tumeurs, très fermes, hémorragiques, dont la
plus grande, sur la pommette droite, mesure
0,5-1 cm : il s'agit d'hélangiosarcomes de Kaposi.
Le 2 juillet, nous en comptons 30 sur le corps,
3 au palais. Il tousse. La radiographie des poumons présente des taches suspectes de Kaposi.
Depuis cinq ou six ans, ses coins de lèvres sont
fendus, témoignant de carences en vitamine B ou
en fer. Le 12 juin 1987, il arrête définitivement
son travail.

Depuis le 15 juin, il est traité par des injections
intramusculaires quotidiennes de 35 millions
d'unités d'interféron. Il réagit à ces injections par
une augmentation de la fièvre à 39,5 °. Ce traitement n'empêche pas le nombre des tumeurs de
doubler en quinze jours.

L'alimentation de cet homme a été déséquilibrée depuis des années. Le matin, il se nourrit d'un sandwich au jambon et à la margarine ; à midi, il mange cinq jours sur sept au restaurant (aliments préparés avec de la graisse, dite végétale, et des huiles raffinées) ; le soir, il se contente de pain, de fromage ou de viande.

Par conséquent : abondant apport de viandes, de graisses végétales et autres et d'huiles dévitalisées ; aucune source d'acide linoléique biologiquement actif ; beaucoup trop peu de légumes et de fruits crus ; pas de céréales complètes. Il boit 10 tasses de café et fume 20 cigarettes par jour.

Le besoin en vitamine F n'étant pas couvert, la peau est extrêmement sèche partout et son teint est gris. Mon traitement est prescrit le 2 juillet 1987, mais il ne le commence que le 10 juillet. Entre le 10 et le 22 juillet, la peau devient soyeuse par places, la langue devient propre, le médaillon tumoral sur la pommette droite régresse. Aucun nouvel élément tumoral n'apparaît.

Il a moins mauvaise mine. Le 30 juillet, le traitement à l'interféron, jugé inutile par le service universitaire, est stoppé. Du 12 au 27 août : hospitalisation. Fièvre à 40,5 ° ; pneumonia pneumocystii, traitée par du Bactrim en perfusion. Il perd 3,5 kg. Mon traitement est suspendu pendant cette période. Irradiation des foyers pulmonaires sur un champ mesurant 20×20 cm. La toux diminue.

Dès le 5 septembre, Retrovir 1600 mg par jour en 4 prises : c'est un virostatique, antimétabolite de la thymidine. Les premiers jours, il se sent mieux, mais très vite il réduit la dose à 1000 mg par jour parce qu'il se sent mal.

En cinq semaines, malgré des transfusions, le nombre des globules rouges est tombé de 4 à 2 millions par hémolyse. Le malade n'est pas revenu depuis 1987 ; il décède le 28 juin 1988.

Il est évident que mon traitement ne peut pas être efficace à ce stade et surtout en parallèle avec les médications actuelles si agressives, dont la première, l'interféron, produit des accès de fièvre quotidiens, épuisants, et le second, le Retrovir, réduit de moitié le nombre des globules rouges et par conséquent diminue d'autant l'apport d'oxygène.

Parmi les autres cas s'est trouvée une femme enceinte que je n'ai vue qu'une seule fois au stade de pré-sida et qui a préféré se faire avorter (cas 9).

Soixante mois d'observation

Nous allons d'abord nous pencher sur les cas 2, 3, 4, 6, 7 et 8 qui totalisent soixante mois d'observation. Il s'agit de trois hommes, âgés de moins de 30 ans, et de trois autres, âgés de 39 à 53 ans, tous homosexuels.

Le cas 2 est au régime lacto-végétarien depuis des années.

Après avoir lu mes livres, les trois jeunes ont plus ou moins flirté avec la « crème Budwig ». Le cas 4 s'est longtemps nourri à la cantine universitaire. Tous les trois étaient de gros fumeurs, mais ne buvaient que peu de bière ou du vin.

Les trois aînés ont régulièrement mangé au restaurant, de quatre à sept fois par semaine. Ils sont non-fumeurs, boivent davantage d'alcool (vin) mais sans excès.

Deux sur six avouent une luèse (syphilis) et une hépatite B (donc l'usage de drogues) ; parmi les aînés, deux ont été atteints une à deux fois de blennorragies.

Tous ont une peau anormalement sèche, mais jamais au même degré que les cas 1 et 5.

Chez tous, nous avons débuté le traitement par un à deux jours de diète, à base de fruits et de légumes, suivis par trois à cinq jours de fruits crus, afin de changer la flore intestinale.

Pendant deux semaines consécutives, ils ont pratiqué des lavements vespéraux, suivis d'une instillation dans l'intestin de 60 ml d'huile de tournesol, tiédie, à garder toute la nuit, ce qui s'avère la méthode la plus rapide de revitaminisation F (les injections intramusculaires étant actuellement hors commerce).

Dès la deuxième semaine, leur alimentation fut celle recommandée dans mes livres : crème Budwig au petit-déjeuner, céréales complètes quotidiennes, abondance de fruits et légumes, en partie crus. Comme unique corps gras : des huiles riches en vitamine F, crues, 100 % pressées à froid et sans solvants ; avec abstention temporaire de viande pendant deux à trois mois. Il n'y eut chez aucun d'eux de problèmes intestinaux ; leur peau devint plus soyeuse, sans devenir tout à fait normale, dans le court temps d'observation.

Les cas 7 et 8 étaient depuis huit et sept mois porteurs de sarcomes de Kaposi. Le cas 7 en avait d'importants aux deux chevilles et sept groupes de tout petits au dos : ces derniers disparurent presque tous en deux mois de traitement ; ceux des chevilles s'aplatirent, cessèrent d'évoluer, puis disparurent après cinq séances de radiothérapie locale (contrôlé le 30 août 1988).

Il n'y eut aucune perte de poids inquiétante pendant les soixante mois d'observation. Le cas 2, trop maigre, récupéra 6 kg en dix-sept mois. Tous avaient une polymicro-adénie qui ne s'aggrava chez aucun d'eux, régressa modestement chez l'un et l'autre.

Parmi les choses réjouissantes, mentionnons chez le cas 2 la disparition d'une coloration rouge violacée en forme de papillon sur les joues, la racine du nez et le milieu du menton, analogue à ce que l'on voit dans les cas de lupus érythémateux. Les pénibles crampes vespérales aux membres inférieurs disparurent totalement chez le cas 6 après quatre mois de traitement ; il en fut de même des migraines du cas 8, dès le deuxième mois.

Chez le cas 3, ses ongles, déformés depuis sept ans en verre de montre, fendus en leur milieu aux deux pouces, signe de mauvaise santé, se normalisent lentement dès le dixième mois de traitement.

À la première consultation, la langue était chez tous plus ou moins chargée, blanche ou jaune; elle se nettoya par la suite. Ces observations ne portent que sur un temps trop court. Cependant, mis à part le cas 5, sous traitement officiel, agressif, et qui s'avéra rapidement perdu, mes six malades déclarèrent tous se sentir beaucoup mieux, moins fatigués ou encore être en pleine forme et avoir pu reprendre le sport.

Il n'y eut aucune aggravation.

Deux autres cas

Sont encore venus le 16 février 1988, ensemble, deux partenaires sidatiques, tous deux âgés de 33 ans et tous deux infirmiers de leur métier.

L'un d'entre eux était un de mes anciens malades, dont je possédais encore le dossier. Il m'avait été amené par sa mère à neuf ans pour mauvaise résistance aux infections banales: angines, otites, bronchites et broncho-pneumonies, diarrhées… Ses végétations adénoïdes avaient été enlevées à deux ans, ses amygdales à douze ans.

Sa mère suivit scrupuleusement mes indications nutritionnelles; il alla bien et je le perdis de vue.

De 1964 à 1973 il fut nourri correctement. De 1973 à 1984, il fit son apprentissage puis exerça son métier d'infirmier et mangea à l'hôpital. Il contracta une blennorragie par deux fois à vingt-quatre et vingt-six ans.

Dès 1980, il commence à goûter à toutes sortes de drogues : d'abord la marijuana et le haschisch, en 1985 le LSD, etc. Dès 1982, il s'expose au sida. À 19 ans, il fume 20, puis 30 cigarettes par jour.

En 1985, il retrouve son camarade d'aujourd'hui, parent éloigné, qui se trouve, tout comme lui-même, à l'état d'épave. Ils partent tous deux aux Indes pour un an et font là-bas, dans un ashram, un grand redressement moral. En mars 1986, il revient en Suisse avec son ami et tous les deux sont accueillis par un centre religieux dans lequel est pratiquée l'alimentation que j'enseigne, introduite par une de mes disciples. La vie y est réglée : six heures de gros efforts physiques par jour, en plein air, trois heures de méditation. Cela lui convient et il se porte très bien. De novembre 1986 à janvier 1987, il vit dans un monastère catholique, où la nourriture est malsaine, tirée de boîtes de conserves et très grasse. Il est constipé et se sent mal.

En février 1987, il vit à la maison, a une alimentation correcte, va mieux et retourne à l'institut religieux où l'on mange normalement. Il se porte bien jusqu'en octobre 1987, date à laquelle il devient fébrile. Il souffre de grosses diarrhées et le 22 décembre 1987 se fait examiner par le CHUV qui confirme l'existence du sida chez lui et chez son ami.

Il est hospitalisé et reçoit du Retrovir à raison de 1600 mg par jour pendant un mois. À l'affût de l'hémolyse provoquée si souvent (dans 70 % des cas) par ce médicament hautement agressif, les médecins contrôlent sa formule sanguine toutes les semaines, mais rien ne se produit. Le malfamé Retrovir est supporté à la perfection en présence d'une dose correcte d'acide linoléique dans l'alimentation. La diarrhée disparaît. La dose du médicament est réduite à 800 mg par jour, qui est la dose d'entretien, programmée à vie, le 24 janvier 1988 !

Le 16 février 1988, lorsque je l'examine, sa peau est soyeuse, sauf aux pieds et aux mains. Il est le seul du groupe dont les ganglions lymphatiques ne sont pas agrandis.

L'histoire de son camarade est analogue : comme son partenaire, il a goûté à toutes les drogues, y compris la cocaïne et le madjoun marocain (mélange de haschisch et de miel). Découvert séropositif le 23 décembre 1987, il a été déclaré « porteur sain » et laissé sans traitement. Sa peau est sèche partout et freine la main qui la frôle. Ses ganglions sont agrandis. Il se plaint de très vives douleurs rhumatismales à la nuque. Il est plus carencé en vitamine F que son ami et, pour moi, plus malade que lui. Première consultation le 16 février 1988. Le 21 juin 1988, forme excellente. Les douleurs à la nuque (Bechteren) ont disparu. Les ganglions se sont normalisés.

Les erreurs de comportement

Ce que les malades du sida homosexuels ont en commun, c'est l'absence d'une famille structurée, l'absence d'une femme qui veille à ce que l'alimentation soit équilibrée. Ils vont pratiquement tous au restaurant, les plus âgés une à deux fois par jour de travail au moins. Et actuellement bien peu de restaurants ont renoncé à l'usage des graisses industrielles, dites végétales, des margarines qui en dérivent et aux huiles pressées à chaud pour la préparation de leurs salades.

Quand y en aura-t-il quelques-uns qui, ayant compris le problème, corrigeront leur manière de procéder en l'annonçant au public, et cela pour le plus grand bien de tous et surtout des sidatiques solitaires? Des magasins diététiques existent, où l'on peut se procurer le nécessaire pour que la nourriture de chacun soit saine. Car la meilleure aide aux malades du sida est le rétablissement d'une immunité normale, et celle-ci ne peut pas exister sans un apport suffisant en vitamine F, biologiquement active.

Lorsque l'on compare le comportement du rétrovirus du sida à celui des autres virus qui hantent nos contrées, ceux de la rougeole, de la varicelle, des oreillons, de la poliomyélite… on est frappé par son peu de virulence, par le peu de réaction de défense qu'il suscite, ce qui se traduit par le temps si long de maladie inapparente.

La vitamine F est indispensable pour que le système immunitaire fonctionne.

Un peu plus d'énergie de la part de l'attaqué et ce virus serait vaincu par ses macrophages, semble-t-il. Mais, pour que cette énergie se déploie, il faudrait que le système immunitaire fonctionne et, pour qu'il le fasse correctement, la présence de la vitamine F est indispensable. Sans vitamine F en quantité suffisante, la porte est ouverte à n'importe quelle autre manifestation de déséquilibre immunitaire, et c'est ce qui se passe chez les malades du sida.

Sur nos neuf malades adultes, trois étaient porteurs de tumeurs malignes, sarcomateuses, cinq avaient une éosinophilie plus ou moins marquée, atteignant chez deux d'entre eux 10 à 20 % (normale 2-4), un était atteint de sarcoïdose médiastinale (maladie auto-immune probable), deux de mycose…

Aucun autre groupe social ne cumule pour le moment autant d'erreurs de comportement que les porteurs de sida, mais qui nous dit, si nous persistons dans nos erreurs alimentaires, qu'il n'apparaîtra pas bientôt un virus qui s'attaquera à nous tous ? Car notre race s'affaiblit de génération en génération. En ce qui concerne le dosage des marqueurs sanguins, les laboratoires de chimie clinique n'étaient pas encore organisés au début pour que nous puissions les obtenir facilement. Nous avons cependant constaté qu'il n'y a pas nécessairement de parallélisme entre les valeurs trouvées et les lésions cliniquement constatées. Alors que chez la plupart de nos malades le nombre des lymphocytes T4 était abaissé, tant en valeur absolue qu'en pourcentage, celui des lymphocytes T8 et le taux des bêta-microglobulines augmentaient. Chez le cas 7, pourtant classé sida stade IV D, avec sarcomes de Kaposi, ces marqueurs étaient normaux ! (T4 = 54 %, nombre absolu = 1112 par mm³.) Les valeurs pour les lymphocytes T8 étaient à peine augmentées en pourcentage : 38 (normale = 26 ± 6 %) et normales en chiffres absolus : 782 (normale = 302 à 1005).

Chez le cas 2, le pourcentage des T4 est remonté de 31 à 48 % après un mois de traitement, chez le cas 3 de 32 à 37 % en trois mois. Mais il est encore beaucoup trop tôt pour faire état de ces résultats.

On observe dans cette maladie qu'à un moment donné les lymphocytes T4 ou helpers, indispensables au bon fonctionnement du système immunitaire, disparaissent et l'individu succombe à n'importe quelle maladie opportuniste qui de bénigne devient mortelle. Mais l'on peut imaginer que les lymphocytes T4, à un moment donné, après X contacts avec le virus au cours des mois et des années d'infections, sont devenus hypersensibles et réagissent trop violemment à ce nouveau contact, en quelque sorte en « kamikaze ». Devenus hyperergiques, ils ouvrent leur lysosome et s'autolysent par ce mécanisme de défense excessive.

C'est ce raisonnement qui m'a fait prescrire à tous les malades du sida de l'huile d'onagre, à raison de 6 à 8 capsules de 500 mg par jour, afin de favoriser chez eux la production de prostaglandine de paix PGE1, par un apport d'acide gamma-linolénique préformé, et de freiner ainsi la prostaglandine PGE2.

Notre temps d'observation est trop court, mais lorsque ces jeunes gens viennent m'annoncer à la consultation trimestrielle : « je me sens très bien », « je suis en pleine forme », « j'ai pu reprendre tous mes sports », ou après quatre mois de traitement en parlant des tumeurs sarcomateuses de Kaposi : « je n'ai plus eu de nouveaux boutons » – alors que dans les quatre mois précédents, il en était sorti 35 –, qu'ils ne sont plus gris mais ont pris une mine florissante, cela représente une belle promesse.

Ma façon de procéder

Je reprends ici, pour conclure, ma façon exacte de procéder avec mes malades.

Il importe de centrer son effort sur l'alimentation d'une part et sur la fonction intestinale d'autre part.

Éliminer toutes les graisses et ne donner que des huiles pressées à froid, obtenues uniquement par compression, sans addition de solvants, riches en vitamine F active, et contrôlées.

Après deux jours de diète à base de jus de fruits et de légumes, se nourrir pendant cinq jours exclusivement de fruits crus (et éventuellement de fruits secs : bananes, dattes, etc.). Ensuite, et cela à vie, se conformer aux règles d'alimentation indiquées dans mes livres. Pendant trois mois s'abstenir de viande.

D'emblée, et pendant quinze jours, pratiquer tous les soirs un lavement évacuateur, suivi d'une instillation de 60 ml d'huile de tournesol tiédie, à garder pour la nuit (avec une grosse seringue en plastique de 100 ml ou une poire à lavements de bébé). Ces instillations d'huile seront par la suite pratiquées une fois par semaine, jusqu'à obtention d'une peau soyeuse jusqu'au bout des pieds.

Apport abondant, deux fois par semaine au moins, de vitamines par voie intraveineuse.

Les besoins de leurs corps malades sont plus élevés que ceux des êtres en bonne santé et jamais couverts par la seule alimentation. Leur donner de la vitamine C de 1 à 10 g par jour (les très hautes doses, en suivant l'enseignement de Pauling, seront réservées aux porteurs de sarcome de Kaposi). Vitamine B complexe. Vitamine A et E. Magnésium. Huîtres lyophilisées, en capsules (POP), pour l'ensemble des oligo-éléments de l'eau de mer qu'elles contiennent ; ou poudre d'algues marines, pour la même raison. Huile d'onagre en capsules de 500 mg, 6 à 8 par jour.

Surveiller le pH urinaire et le régler au cours de la journée sur 7 à 7,5 par la prise de citrates alcalins, cela afin de faciliter l'élimination des métabolites de déchets acides toujours présents en excès chez les malades chroniques.

Il est bien entendu que les personnes atteintes du sida doivent suivre les règles élémentaires d'hygiène, avoir un minimum de huit heures et demie de repos nocturne, passer également une heure par jour au minimum, ou sept heures par semaine, en plein air et pratiquer des sports, sans excès.

Redonner l'espoir

Grand est le désarroi des malades atteints du sida. Ils se trouvent rejetés par « la société des non-sidatiques » qui a peur d'eux et bien souvent même par leurs amis. Sachant ce qui les attend à plus ou moins brève échéance, et cela avec une certitude effroyable, ils sont à l'affût de chaque aggravation, de chaque maladie opportuniste.

Aussi, lorsqu'ils voient leur état s'améliorer, même si ce résultat ne s'avère plus tard que transitoire, il est extrêmement bienfaisant, car il redonne courage et espoir, ce qui en soit est déjà curatif et augmente l'immunité.

Dans tel ou tel cas, il sera certainement utile d'avoir recours à un psychothérapeute.

Chez la petite fille, il s'agissait d'un cas « pur », sans toutes les complications psychologiques de l'adulte, et l'amélioration a été rapide et spectaculaire. Quels seront à long terme les résultats chez les adultes qui ont cumulé les erreurs alimentaires avec toutes sortes d'intoxications et de maladies ? L'avenir seul pourra nous le dire.

Questions-réponses

Dr Philippe-Gaston Besson

À propos des huiles

L es deux acides gras essentiels pour l'homme sont *l'acide linoléique* et *l'acide alpha-linolénique*. À partir de ces deux précurseurs végétaux, l'organisme normal est capable de synthétiser les homologues supérieurs (acide gamma-linolénique et dihomogammalinolénique), précurseurs des prostaglandines.

Les huiles de noix, de tournesol, de maïs, de soja, de germes de blé, de carthame et de lin sont les seules huiles courantes à pouvoir prétendre à une richesse en acides gras essentiels. Encore faut-il que ces huiles n'aient pas été chauffées, ce qui fait passer la forme biologiquement active cis-cis en forme inactive cis-trans.

○ *Quelle serait l'huile idéale ?*
L'huile idéale n'existe pas ! Il faudrait la « fabriquer » en utilisant un mélange de différentes huiles vierges et la conserver au réfrigérateur. Par exemple :

- 1 dl d'huile de noix
- 1 dl d'huile de colza
- 1 dl d'huile de soja   *Mélange 1*
- 1 dl d'huile de germes de blé
- 1 dl d'huile de lin

puis
- 5 dl du *mélange 1*
- 5 dl d'huile d'olive   *Mélange 2*

puis
- 1 litre du *mélange 2*
- 1 litre d'huile de carthame

○ *L'huile de lin est-elle absolument indispensable ?*
Il faut distinguer l'alimentation « thérapeutique », dans laquelle toutes les conditions pouvant contribuer à améliorer la santé doivent être rassemblées, de l'alimentation saine d'un individu en bonne santé.

Dans le premier cas, il est essentiel de se procurer les huiles les plus « thérapeutiques ». Pour être plus efficace dans le traitement d'une pathologie grave, touchant le système nerveux par exemple, il est nécessaire d'utiliser dans son alimentation des huiles riches en acides gras libres à double liaison.

Dans le deuxième cas, on peut utiliser une huile moins performante, du moment qu'elle apporte une quantité suffisante de vitamine F, même si elle n'est pas aussi concentrée en acide alpha-lino-lénique que l'huile de lin.

○ *En France, on ne trouve pas d'huile de lin ;*
par quelles huiles peut-on la remplacer ?
L'huile de lin est interdite en France à cause de sa fragilité, de sa propension à s'oxyder, à rancir et à engendrer des radicaux libres dangereux. On évite cela en prévenant les causes d'oxydation des huiles en général, et de l'huile de lin en particulier, par :
- la conservation de l'huile à l'abri de la lumière (les huiles de première pression à froid sont en général livrées dans des bouteilles métal-liques ou des bouteilles de verre teinté) ;
- la conservation de l'huile au froid, dans le réfrigérateur, une fois la bouteille ouverte ;
- le renouvellement fréquent de la bouteille d'huile, en particulier pour l'huile de lin que l'on trouve en bouteilles de 250 et 500 ml.

Le Dr Kousmine recommande d'utiliser l'huile de lin uniquement pour la confection de la crème Budwig. À défaut, on peut la remplacer par l'huile de carthame, l'huile de tournesol ou l'huile de germes de blé. Mais les deux huiles, de tournesol et de lin, sont de formules totalement différentes en ce qui concerne les acides gras, essentiels ou non.

Les deux acides gras essentiels pour l'homme sont l'acide linoléique (C18:2, n-6) et l'acide alpha-linolénique (C18:3, n-3), respectivement di- et triinsaturés. L'un de la famille dite « oméga 6 » et le second de la famille « oméga 3 ». À partir de ces deux précurseurs végétaux, l'organisme normal est capable de synthétiser les homologues supérieurs, que l'on vend très cher sous la forme d'huile d'onagre ou d'huile de bourrache (acide gamma-linoléique).

L'huile de lin contient 45 à 50 % d'acide alpha-linolénique et environ 15 % d'acide linoléique. Par contre, l'huile de tournesol ne contient que 0,2 à 0,7 % d'acide alpha-linolénique et de 52 à 68 % d'acide linoléique. Ces deux huiles sont donc complémentaires plutôt que substituables! L'huile de germes de blé, en revanche, contient 8 % d'acide alpha-linolénique et de 60 à 65 % d'acide linoléique, ce qui la rend tout à fait équilibrée.

○ *Quelle huile doit-on utiliser pour la cuisson?*
À partir du moment où l'huile va subir une cuisson, elle va se transformer et perdre ses qualités vitaminiques pour ne garder que ses qualités caloriques. Il faut alors choisir une huile qui supporte bien la chaleur, telle l'huile d'arachide.

○ *Quelle quantité d'huile doit-on consommer*
  chaque jour ?

Notre besoin quotidien en vitamine F est de 12 à 25 g, ce qui correspond à environ deux cuillerées à soupe par jour (soit six cuillerées à café). Il y a déjà deux cuillerées à café d'huile de lin dans la crème Budwig, il faut donc deux cuillerées à café d'huile de tournesol vierge crue par personne au cours du repas de midi et du repas du soir, versées dans l'assiette sur les légumes, pour qu'une véritable recharge vitaminique F soit possible. Il ne suffit pas d'employer uniquement de l'huile vierge pour faire la sauce de la salade, car la quantité utilisée est partagée entre les convives, et la plus grande partie reste dans le saladier ! Il faut prendre les deux cuillerées à café à chaque repas directement sur les aliments dans chaque assiette. On peut alors utiliser pour la sauce à salade de l'huile d'olive, pauvre en vitamine F, mais souvent plus appréciée au goût.

Contenu moyen des huiles en acides gras (en %)

			Acides gras essentiels	
			Linoléique	Alpha-linolénique
	Saturés	Mono insaturés	di-insaturés (oméga 6)	tri-insaturés (oméga 3)
Lin	11	25	15	49
Tournesol	12	22	65	1
Germes de blé	15	15	62	8
Noix	9	17	60	14
Soja	16	24	53	7
Carthame	10	13	76	1
Colza *	8	62	20	10
Olive	16	74	10	0
Arachide	20	50	30	0
Amande	9	70	21	0
Coprah (noix de coco)	95	5	0	0
Courge	18,9	35	46	0,1
Maïs	13	30	57	0
Noisette	8	86	6	0
Pavot	12	14,5	72	1,5
Palme	47	43	8	2
Palmiste	83	14	0,5	2,5
Sésame	16,5	42	41	0,5

* L'huile de colza doit avoir moins de 5 % d'acide érucique.

Originellement, les huiles présentaient une garantie de convenance quasi absolue. Naturelles, peu abondantes, elles offraient cependant un apport calorique modulé ainsi qu'une réserve énergétique du deuxième degré, sans créer ni surcharge, ni modérations métaboliques.

Actuellement, de telles huiles refont surface lentement, cela en grande partie, dans nos régions du moins, grâce à l'action et l'engagement inlassable de Mme Kousmine, engagement qui ne s'est pas contenté de suivre une tendance, mais l'a précédée de longue date.

Une huile crue, naturelle, vivante, se doit de coller aux impératifs suivants :

- émaner de graines parfaitement mûres, non traitées si possible et provenant toujours de la dernière récolte ;
- les graines entières ne doivent pas être soumises – au bain-marie – à des températures excédant 30 à 35 ° ;
- ces graines doivent être pressées à froid, une seule fois, sans autre élévation de température que celle générée par le procédé lui-même (45 à 50 °) ;
- l'huile doit subir une décantation normale d'environ 24 à 48 heures, être filtrée sur papier et non pas sur amiante ;
- elle ne doit être ni raffinée ni neutralisée ;

- elle ne doit pas être mélangée ;
- elle doit être conditionnée en récipient étanche à l'air et à la lumière, et rempli à ras bord.

Une telle huile méritera le qualificatif « crue et naturelle » et présentera les caractéristiques suivantes :
- goût spécifique de la graine dont elle est issue ;
- teneur intacte en acides gras essentiels (qui varie selon les graines) ;
- teneur intacte en vitamine E dans une fourchette de 25 à 30 mg par 30 g d'huile ;
- présence de tous ses éléments aromatiques ;
- teneur optimale en lécithine ;
- radioactivité nulle (2 becquerels par litre au maximum).

Une telle huile, métaboliquement active, s'intègre parfaitement à toute ligne alimentaire de prévention et de réhabilitation.

Ces caractéristiques, liées à d'autres apports caloriques contrôlés, adaptés aux besoins réels et exempts de lipides présentant un fort caractère de saturation, permettront d'éviter au maximum les séquelles découlant d'une consommation excessive de lipides courants.

Acide linoléique, vitamine E et lécithine jouent également un rôle essentiel dans le cycle du cholestérol et contrecarrent sa propension à se déposer puis à se fixer sur les veines et les artères ou, tout au moins, limitent cette tendance, début inéluctable de l'athéromatose. Ces différents éléments forment donc les critères d'évaluation objectifs des lipides en général et des huiles en particulier.

Il est clair qu'une telle huile ne devrait en aucun cas servir à frire, à rôtir ou à griller ; ces opérations dégagent des acroléines, modifient ses équilibres structurels et provoquent une perte d'aisance métabolique suivie d'inertie digestive, un encombrement sanguin, une perturbation et un embarras hépatiques.

À propos des céréales

○ *Quelles céréales doit-on utiliser dans*
  la crème Budwig ?
Il faut éviter les mélanges de céréales. Le Dr Kousmine les a toujours déconseillés, ne serait-ce que pour savoir, en cas de non-tolérance digestive, quelle est la céréale en cause. Il est préférable d'alterner plusieurs céréales et de sélectionner les céréales qui conviennent le mieux à chacun.

Il faut également éviter le seigle et le blé pour la confection de la crème Budwig, car, trop riches en gluten, ils peuvent être responsables de gaz et de ballonnements chez certaines personnes sensibles.

Il m'est souvent arrivé de retrouver ces deux erreurs chez des patients qui souffraient de troubles digestifs qu'ils attribuaient à la crème Budwig, alors qu'ils la préparaient mal.

Il ne faut jamais utiliser de céréales sous forme de flocons ou de farines déjà prêtes. Les céréales fraîchement moulues sont riches en auxines, hormones de croissance végétales remarquables pour la santé de nos gencives.

Pour les jeunes enfants, qui peuvent bénéficier de la crème Budwig dès l'âge de six mois, on utilisera de préférence le sarrasin ou l'avoine.

Pour les personnes constipées, on utilisera l'orge ou l'avoine. Pour les gens diarrhéiques, le sarrasin.

À propos des vitamines

○ *Quelles vitamines le Dr Kousmine*
  conseille-t-elle ?
Dans tous les cas de maladies dégénératives graves, il faut prendre tout l'alphabet des vitamines A, B, C, D, E, F. Et, en fonction de la pathologie, du calcium (Ossopan), du magnésium (Magnogène), du sélénium, du zinc… Dans ces cas, l'organisme est assoiffé de toutes ces vitamines et il est important de toutes les donner sous forme orale. Seul le médecin peut juger de la durée de ce traitement. On y associe des complexes vitaminiques injectables en intraveineuses, deux fois par semaine.

○ *Ne peut-on pas trouver ces vitamines*
  dans l'alimentation ?

Si, bien sûr. Une personne saine ayant réformé son alimentation peut trouver les éléments indispensables à une bonne santé dans son alimentation, mais un malade ne le peut plus. Les doses de vitamines dont il a besoin dépassent considérablement celles que notre alimentation moderne peut apporter. Même en changeant l'alimentation, le retard pris est trop grand, et il faut avoir recours à une thérapeutique vitaminique d'appoint pendant plusieurs mois.

○ *De telles doses de vitamines ne risquent-elles pas*
  d'entraîner des problèmes à long terme,
  en particulier avec la vitamine A ?

S'il s'agit d'un organisme supposé sain, l'alimentation saine telle que la propose le Dʳ Kousmine doit suffire à pourvoir l'organisme en vitamines et en oligo-éléments indispensables.

Lorsque l'organisme est malade, mais pas atteint d'une maladie dégénérative grave, la vitaminothérapie telle que la conseille le Dʳ Kousmine doit comporter des « fenêtres thérapeutiques », c'est-à-dire des périodes sans traitement.

Par contre, pour un organisme porteur d'une maladie dégénérative grave (cancer, sclérose en plaques, polyarthrite chronique évolutive, etc.), il est nécessaire de prescrire des vitamines de manière ininterrompue pendant plusieurs mois.

○ *Quelles vitamines utilise-t-on ?*

Le Dʳ Kousmine utilise depuis de longues années deux produits injectables :

- **L'ascodyne** (vitamines du complexe B avec vitamine C, calcium et magnésium) qui s'adresse principalement aux pathologies suivantes :
- dystonie neurovégétative
- dépression réactionnelle
- sclérose en plaques
- maladies dégénératives du système nerveux
- suites d'opérations
- fatigue de croissance ou de surmenage professionnel
- spasmophilie, tétanie
- arthrose ostéoporotique
- allergies

Le dynaplex (vitamines du groupe B avec vitamine C et méthionine) qui s'adresse principalement aux pathologies suivantes :

- cancers (surtout comme soutien pendant la chimiothérapie ou la radiothérapie)
- maladies dégénératives du tractus digestif (rectocolite ulcéro-hémorragique, maladie de Crohn)
- suites d'hépatites
- pré-cancéroses
- insuffisance hépatique
- alcoolisme
- fatigue liée à des excès

Ces produits ne se trouvent qu'en Suisse. En France, en Italie ou dans les autres pays, on est contraint de prescrire des cocktails : Bécozym, Laroscorbine 1000, Calcibronat. Une ampoule de chaque produit à mélanger dans la seringue avant l'injection.

○ *Pourquoi la voie intraveineuse ?*
   Est-ce bien nécessaire ? Ne peut-on pas prendre
   ces vitamines d'une autre manière ?
Oui, c'est indispensable !...
   Vous pourrez vous entendre dire que les vitamines, le calcium, le magnésium injectés sont immédiatement éliminés, n'ont aucun effet et qu'ils sont donc inutiles. Or, tout se passe comme si la cellule (surtout la cellule nerveuse) devenait imperméable à ces éléments alors qu'elle en a le plus besoin. Par une injection intraveineuse, on provoque une concentration sérique importante de ces différents produits (calcium, magnésium, vitamines). Pendant le temps de l'injection, les cellules baignent dans une ambiance concentrée de ces différents produits. Ainsi les cellules malades se trouvent forcées d'accepter la pénétration de ces substances qui sont indispensables à leur équilibre et ce, uniquement pendant le temps de l'injection intraveineuse. C'est la raison pour laquelle on recommande d'injecter ces produits lentement. Ils ne sont réellement actifs que pendant ce temps. Il faut parfois de longs

mois, à raison de deux injections intraveineuses par semaine, pour que l'ensemble des cellules de l'organisme retrouve un équilibre.

On ne pourrait pas obtenir ce même résultat en utilisant la voie intramusculaire par exemple, et encore moins les comprimés de vitamines, seuls.

À propos des lavements

○ *Y a-t-il un danger à pratiquer des lavements rectaux de deux litres aussi fréquemment et aussi longtemps ? Cela n'entraîne-t-il pas une perturbation de la flore microbienne de l'intestin ? Une irritation de la muqueuse à long terme ?*

Aucun ! Il faut bien comprendre que l'on recherche justement à éliminer au plus vite cette flore qui, au lieu d'être commensale et saprophyte, est devenue pathogène au fil des années. Le lavement rectal permet d'évacuer rapidement une grande partie des matières fécales qui stagnent dans l'intestin et, avec elles, la flore de putréfaction. On détruit plus notre flore intestinale en prenant un antibiotique qu'en faisant une série de lavements rectaux !

L'alimentation saine selon le Dr Kousmine permet un réensemencement progressif de l'intestin avec des lactobacilles et des germes non agressifs.

La pression de l'eau n'étant jamais forte, on ne risque pas de perforer la paroi du côlon dans un lieu de moindre résistance. La muqueuse intestinale est protégée par la camomille qui a des propriétés anti-inflammatoires. D'autre part, l'introduction de l'huile de tournesol vierge, qui est germicide et cicatrisante, nourrit et renforce la muqueuse de l'intestin. Le Dr Kousmine demande à ses patients de pratiquer les lavements rectaux depuis presque cinquante ans sans jamais avoir eu de problèmes.

○ *Peut-on utiliser autre chose que la camomille ?*
  Mauve, café, eau salée, jus de blé, argile, roma-
  rin, lavande…
Oui, mais à long terme et avec le recul de l'expérience, c'est la camomille qui convient le mieux pour les lavements rectaux faits à des fins thérapeutiques pendant plusieurs semaines.

○ *Le lavement rectal convient-il à tous ?*
Les maladies intestinales ne constituent pas une contre-indication. La colite, par exemple, est due à l'irritation des muqueuses intestinales par des selles dures non évacuées ou d'autres déchets en état de putréfaction. Les lavements rectaux libéreront l'organisme des selles dures ou déchets putréfiés et rameneront le calme dans l'intestin irrité.

L'âge ne constitue pas une contre-indication, mais il faut alors lui adapter le volume du lavement. On rencontre malheureusement maintenant des enfants de neuf ans atteints de maladies dégénératives graves (polyarthrite chronique évolutive, cancer…) auxquels il faut prescrire des lavements.

○ *Il me semble que les lavements me fatiguent…*
  est-ce possible ?
Il est possible en effet que les lavements fatiguent, voire constipent ! Cela arrive quelquefois, surtout chez des patients atteints de sclérose en plaques. Il faut alors les espacer, à raison d'un lavement par semaine ou tous les dix jours. Et surtout ne pas oublier la réintroduction de l'huile vierge après le lavement. Cet inconvénient est lié au fait que la muqueuse intestinale est depuis trop longtemps comme « paralysée » par les troubles chroniques liés à une mauvaise alimentation. L'effort demandé à l'organisme pour récupérer une élimination normale le fatigue. Il faut être patient et espacer la sollicitation des lavements jusqu'à la normalisation progressive du transit.

○ *Peut-on faire des lavements à un bébé ?*
Oui, en utilisant la poire à lavement pour bébé de 60 ml.

○ *Comment pratiquer les instillations d'huile*
  après les lavements ?
Les instillations d'huile dans l'intestin sont facilitées par l'utilisation d'une seringue en plastique de 100 ml. Le dosage est plus précis et l'instillation se

fait sans risque d'introduction d'air dans l'intestin puisqu'il n'est plus nécessaire de pomper, comme avec une poire à lavement. Enfin, l'entretien est plus facile et plus hygiénique. On peut aisément se procurer cette seringue chez le pharmacien.

Conclusion de Lydia Muller

L e message du Dr Catherine Kousmine, dont
l'importance s'impose peu à peu, est le résultat d'un énorme travail de recherche mené durant
quarante années ; il s'appuie sur un grand nombre
d'observations effectuées aussi bien sur les soins
prodigués à de nombreux malades que sur des
expériences conduites sur les souris.

Cette recherche avait pour but de comprendre
les raisons de la dégradation de notre immunité et
de trouver les règles qui conditionnent son rétablissement. Cependant, même quarante années
de recherches ne suffisent pas pour saisir un problème aussi central que le moyeu d'une roue ; il
faut pour cela une intelligence géniale. Et, de fait,
le Dr Kousmine a ouvert un nouveau chapitre de
la médecine et a apporté une solution aux problèmes que l'évolution de l'industrie alimentaire
a entraînés au cours des années.

Il est aussi très intéressant de noter qu'un des
éléments de sa thérapeutique demande la partici-
pation du malade. Le centre de gravité se trouve

ainsi déplacé : la médecine officielle lutte en priorité contre la maladie et le patient joue un rôle passif ; le Dr Kousmine a mis la santé au centre de la réflexion et c'est au malade de la reconquérir.

Le médecin n'est là que pour observer, expliquer, conseiller et intervenir quand le problème dépasse la compétence du malade. Quelles sont les conséquences psychiques d'une telle situation pour le malade ? Il se sent valorisé, on lui parle d'égal à égal, on s'adresse au meilleur de lui-même. C'est-à-dire que, en adulte responsable, il fait équipe avec son médecin. Et si tous les malades ne peuvent accéder à une attitude adulte, beaucoup sont cependant éducables. La collaboration du conjoint ou des parents est alors souvent indispensable. Je ne peux m'empêcher de penser qu'une telle attitude, sinon généralisée, du moins fortement suivie, aurait des répercussions énormes dans le maintien et le rétablissement de la santé dans un pays.

Annexes

Nous proposons au lecteur trois tableaux qui pourront le guider dans le choix de certains aliments particuliers, ou de certains compléments alimentaires, en fonction des indications du médecin.

Le premier tableau, « Où trouver les vitamines et les minéraux », est une liste permettant de choisir les aliments les plus riches en telle ou telle vitamine.

Le second tableau, « Les aliments alcalinisants et acidifiants », permet d'orienter son alimentation vers une acidification ou une alcalinisation.

Le troisième tableau, « Intoxications par les métaux lourds », donne des conseils quant aux risques de pollution par les métaux lourds et les moyens d'y remédier.

Où trouver les vitamines et les minéraux ?
Selon Pfeiffer et Gonthier,
Équilibre psycho-biologique et oligo-aliments, Éd. Debard

Vitamine C

100 à 200 mg/100 g
- persil
- cassis
- cynorrhodon
- raifort
- piment
- cresson

60 à 50 mg/100 g
- fraise
- orange
- citron
- chou

50 à 30 mg/100 g
- pamplemousse
- groseille
- pissenlit
- tomate
- radis

Vitamine P

Par ordre de concentration décroissante
- cassis
- fruits citriques (agrumes)
- fruits en général
- sarrasin (blé noir)

Vitamine PP
(niacine, B3)

40 à 20 mg/100 g
- levure de bière
- son de blé
- son de riz

20 à 10 mg/100 g
- foie de veau
- foie de mouton
- cacahuète
- thon en boîte

10 à 4 mg/100 g
- germes de blé
- pain complet

Vitamine B6

2,5 à 1 mg/100 g
- levure de bière
- graines de tournesol
- germes de blé
- noix de Grenoble

2 mg/100 g
- lait

1 à 0,5 mg/100 g
- foie de mouton
- foie de veau
- viande fraîche
- céréales complètes
- légumineuses
- banane

Vitamine A[1]

Teneur en UI/100 g
- huile de foie de morue 85000
- foie de mouton 50500
- foie de veau 22500
- beurre 3300
- jaune d'œuf cru 1140
- camembert 1020
- lait 140

Équivalent rétinol
- pissenlit frais 13650
- carotte fraîche 12000
- épinard 9420
- persil 8420
- melon 3420
- endive 3000
- abricot frais 2790
- pêche 880
- germes de blé 650

Vitamine E[2]

Par ordre de concentration décroissante
- huile de germes de blé
- huile de tournesol pressée à froid
- huiles végétales pressées à froid
- fruits oléagineux
- germes de blé
- œuf
- légumes feuillus
- foie
- œuf entier
- céréales complètes

Vitamine B15

Par ordre de concentration décroissante
- levure de bière
- bœuf cru
- riz entier
- graines de tournesol
- pépins de courge
- graines de sésame

Vitamine B12

Par ordre de concentration décroissante
- foie de veau
- foie de poisson
- abats
- poisson
- œuf
- lait et produits laitiers, fromages fermentés

[1] Pour les végétaux, les teneurs sont exprimées en équivalent rétinol, c'est-à-dire prenant en compte le carotène avec son coefficient de conversion de 6 nanogrammes de carotène pour 1 nanogramme de rétinol.

[2] On trouve des gélules de vitamine E à forte concentration : 200, 400, 800 et 1000 mg.

Acide folique

Par ordre de concentration décroissante
– légumes verts
– légumes racines
– abats (foie…)
– œuf
– levure de bière
– céréales complètes

Vitamine B1

20 à 3 mg/100 g
– levure de bière
– germes de blé

3 à 0,5 mg/100 g
– abats (foie…)
– riz entier
– blé entier
– haricot frais
– lentille
– noisette
– amande
– noix
– jaune d'œuf
– orange
– légumineuses

Vitamine B2

5 à 1 mg/100 g
– levure de bière
– lait
– germes de blé
– abats (foie…)

0,3 à 0,15 mg/100 g
– jaune d'œuf
– légumineuses
– fruits oléagineux (noix, amande, noisette…)
– céréales complètes

Acide pantothénique (B5)

Par ordre de concentration décroissante
– levure de bière
– abats (foie…)
– jaune d'œuf
– germes de blé
– légumineuses

Biotine (B8 ou H)

Par ordre de concentration décroissante
– levure de bière
– abats (foie…)
– œuf entier
– riz non décortiqué
– céréales complètes
– légumineuses

Acide para-aminobenzoïque

Par ordre de concentration décroissante
– levure de bière sèche
– abats (foie…)
– champignons
– germes de blé
– yaourt

Vitamine D

Par ordre de concentration décroissante
– huile de foie de flétan
– œuf entier
– sardine
– hareng
– foie de poulet
– abats
– huile de foie de morue
– lait et produits laitiers
– germes de blé
– farine d'os

Vitamine K

Par ordre de concentration décroissante
– légumes verts
– jaune d'œuf
– tomate
– huile de carthame
– chou-fleur
– graines de soja

Vitamine F

Par ordre de concentration décroissante
– huile de lin
– huile de carthame
– huile de tournesol
– autres huiles végétales pressées à froid
– graines de tournesol
– fruits oléagineux

Choline

Par ordre de concentration décroissante
– jaune d'œuf
– abats (foie…)
– levure de bière
– germes de blé
– soja
– poisson
– légumineuses
– chou de Bruxelles

Inositol

Par ordre de concentration décroissante
– germes de blé
– céréales entières
– fruits citriques (agrumes)
– abats (foie…)
– chou
– levure de bière
– lait
– fruits oléagineux (amande, noix…)
– lécithine

---

[3] Existe en complément alimentaire.

Calcium

– farine d'os, dolomite [3]
1160 mg à 118 mg/100 g
– graines de sésame non
   décortiquées
– fromages à pâte ferme
– sardine
– pissenlit
– figue sèche
– amande, noix, noisette
– légumes secs
– lait

Fluor

– thé
– poudre d'os

Phosphore

*Par ordre de concentration
décroissante*
– levure de bière
– jaune d'œuf
– noix, noisette, amande
– légumineuses (lentille,
   soja, pois…)
– fromage
– chocolat
– poisson, viande, volaille
– céréales non décortiquées
– lait
– farine d'os

Magnésium

410 à 120 mg/100 g
– cacao
– soja
– amande
– cacahuète
– haricot blanc
– noix, noisette
– flocon d'avoine
– maïs de culture bio

90 à 70 mg/100 g
– pain complet
– lentille
– figue
– datte

Potassium

1900 à 600 mg/100 g
– levure de bière sèche
– abricot sec
– lentille
– figue sèche
– pois cassé
– amande
– raisin sec
– datte
– noix
– noisette

520 à 110 mg/100 g
– champignons
– sardine
– pomme de terre
– thon
– banane
– chou, carotte, tomate
– abricot frais

– fruits divers
– pomme

Sodium

Par ordre de concentration décroissante
– blanc d'œuf
– sardine
– produits de la mer
– céleri
– algues

Soufre

Par ordre de concentration croissante
– chou
– radis noir
– oignon
– ail
– asperge, poireau
– poisson
– œuf
– viande

Zinc[4]

143 à 100 mg/100 g
– huître
– hareng

60 à 50 mg/100 g
– champignons
– levure de bière

14 à 13 mg/100 g
– son de blé
– avoine entière
– germes de blé

9 à 3,4 mg/100 g
– foie de porc
– foie de veau
– agneau
– pois
– bœuf
– noix diverses

---

[4] Dans le cas des céréales, la présence de phytate de calcium risque de contrarier l'absorption du zinc. Les aliments et les eaux de boisson riches en cuivre peuvent, par ailleurs, entraver l'absorption d'une bonne part du zinc alimentaire.

[5] Les végétaux feuillus non traités constituent notre principale source alimentaire de manganèse. Mais plus le sol est alcalin, à cause du rendement, moins on trouve de manganèse dans les feuilles. Le germe ou le son de la graine contiennent davantage de manganèse, mais celui-ci est perdu dans le processus de mouture.

Manganèse [5]

Plus de 15 mg/100 g
– thé
– clou de girofle
– gingembre

15 à 3 mg/100 g
– son de riz
– noix de Grenoble
– épinard
– son de blé
– céréales non décortiquées
– noix diverses
– ananas

2 à 0,5 mg/100 g
– légumineuses
– légumes feuillus

Chrome

220 μg/100 g
– levure de bière

175 à 52 μg/100 g
– blé non décortiqué
– germes de blé
– pomme de terre de
  culture biologique
– œuf entier

43 à 17 μg/100 g
– foie
– seigle
– fromage
– maïs non décortiqué
– oignons mûrs
– dattes
– orge entier
– avoine entière

Iode

700 à 0,10 mg/100 g
– algue marine
– morue fraîche
– hareng fumé
– soja

0,05 mg à 0,02 mg/100 g
– hareng frais
– crabe
– langouste
– homard
– haricot vert
– oignon

Nickel

1370 à 148 μg/100 g
– épinard
– graines de soja
– fève brune
– poivre noir
– avoine non décortiquée
– haricot blanc
– lentille
– pois verts
– seigle non décortiqué
– riz entier
– persil

Sélénium

4800 à 1200 μg/100 g
– graines de sésame
– maïs entier
– blé entier
– oignon
– orge non décortiqué

- avoine non décortiquée
- légumineuses

1000 à 50 µg/100 g
- asperge
- œuf
- noix de coco
- viande rouge
- ail séché
- levure de bière

Molybdène

400 à 103 µg/100 g
- sarrasin
- haricot de Lima
- légumes secs
- germes de blé
- lentille
- graines de tournesol

Cobalt

500 à 327 µg/100 g
- haricot blanc
- langouste
- blé non décortiqué
- jaune d'œuf
- moule
- radis
- côtelette d'agneau
- betterave rouge
- chou
- figue

Vanadium

1523 à 95 µg/100 g
- huile d'olive de première pression à froid
- huile d'arachide de première pression à froid
- olive noire à la grecque
- lentille
- petit pois non traité

200 à 95 µg/100 g
- épinard
- avoine
- pomme de terre
- vinaigre naturel
- chou
- orange
- raisin
- cabillaud
- olive verte

Fer

15 à 10 mg/100 g
- soja
- cacao
- foie de bœuf
- abat
- vin rouge

9 à 5 mg/100 g
- haricot blanc
- lentille
- huître
- jaune d'œuf
- pois sec
- foie de veau

4 à 2 mg/100 g
– fruit sec
– épinard
– persil
– viande
– pain complet
– figue sèche
– noisette
– amande sèche
– cresson

Cuivre

17 à 14 mg/100 g
– huître

7,90 à 1,07 mg/100 g
– foie de veau
– foie de mouton
– levure sèche
– cacao
– thé
– germes de blé
– son de blé
– graines de tournesol
– noix
– soja
– curry
– champignons
– poivre

Aliments alcalinisants et acidifiants
(d'après Jean Gauthier – Nature et vie)

Fruits

Fruits acides
- orange   *Alca.*
- clémentine   *Alca.*
- mandarine   *Alca.*
- citron   *Alca.*
- pamplemousse   *Alca.*
- ananas   *Alca.*
- groseille   *Alca.*
- grenade   *Alca.*

Fruits mi-acides
- fraise   *Alca.*
- tomate   *Alca.*
- abricot   Acid.
- pomme   *Alca.*
- poire   *Alca.*
- pêche   *Alca.*
- raisin   *Alca.*
- prune   Acid.
- cerise   *Alca.*

Fruits doux
- datte   *Alca.*
- figue   *Alca.*
- raisin doux   *Alca.*
- pomme douce   *Alca.*
- banane   *Alca.*

Fruits séchés
- pruneaux   Acid.
- abricot   Acid.
- poire   *Alca.*
- pomme   *Alca.*
- raisin   *Alca.*
- figue   *Alca.*
- banane mûre   *Alca.*

Fruits neutres
- melon   *Alca.*
- pastèque   *Alca.*

Fruits oléagineux
- amande sèche   *Alca.*
- noix sèche   Acid.
- noisette   Acid.
- pistache   Acid.

Légumes

Faiblement amidonnés
- asperge   *Alca.*
- aubergine   *Alca.*
- brocoli   *Alca.*
- cardon   *Alca.*
- champignon   *Alca.*
- chicorée   *Alca.*
- chou   *Alca.*
- chou-fleur   *Alca.*
- ciboulette   *Alca.*
- citrouille   *Alca.*
- concombre   *Alca.*
- cornichon   *Alca.*
- courge   *Alca.*
- courgette   *Alca.*
- cresson   *Alca.*
- endive   *Alca.*
- épinard   *Alca.*

– haricot vert	*Alca.*
– laitue	*Alca.*
– mâche	*Alca.*
– oseille	Acid.
– poireau	Acid.
– poivron doux	*Alca.*
– potiron	*Alca.*
– radis	*Alca.*
– rhubarbe	Acid.
– scarole	*Alca.*

Moyennement amidonnés

– artichaut	*Alca.*
– betterave (racine)	*Alca.*
– carotte	*Alca.*
– céleri-rave	*Alca.*
– chou de Bruxelles	*Alca.*
– échalote	Acid.
– navet (racine)	*Alca.*
– oignon	Acid.
– panais	*Alca.*
– persil	*Alca.*
– pissenlit	*Alca.*
– rutabaga	*Alca.*
– salsifis	*Alca.*
– petit pois frais	*Alca.*

À amidon concentré

– châtaigne	*Alca.*
– pomme de terre	*Alca.*
– topinambour	*Alca.*

Lipides

– avocat	*Alca.*
– olive	*Alca.*

Glucides

– miel	Acid.

Aliments de compromis

Légumes secs

– fève	Acid.
– haricot sec	Acid.
– lentille séchée	Acid.
– pois cassé	Acid.
– soja	Acid.

Céréales et dérivés

– avoine	Acid.
– blé complet	Acid.
– farine blanche	Acid.
– maïs	Acid.
– orge complet	Acid.
– riz complet	Acid.
– sarrasin	Acid.
– seigle complet	Acid.
– pain blanc	Acid.
– pain complet	Acid.
– pâtes	Acid.
– semoule	Acid.
– farine de maïs	Acid.
– farine d'avoine	Acid.
– fécule de pomme de terre	Acid.

Produits laitiers

Lipides
- beurre — Acid.
- crème fraîche — Acid.
- lait humain — *Alca.*
- lait de vache pour enfant — *Alca.*
- lait de vache pour adulte — Acid.

Protéines maigres
- caillés de lait sec pressé — *Alca.*
- fromage blanc — *Alca.*
- yaourt écrémé — *Alca.*

Protéines grasses
- Comté — Acid.
- Gruyère — Acid.
- Saint-Paulin — Acid.
- Emmenthal — Acid.
- fromage de chèvre — Acid.

Œufs
- jaune — *Alca.*
- blanc — Acid.

Aliments de dégénérescence

Substances animales
- viande de bœuf — Acid.
- cœur de bœuf — Acid.
- cervelle de bœuf — Acid.
- volailles — Acid.
- poissons — Acid.
- crustacés — Acid.

Divers
- alcools — Acid.
- cacao — Acid.
- condiments — Acid.
- épices — Acid.
- pâtisserie — Acid.
- sucre artificiel — Acid.

En résumé

Acidifiants	*Alcalinisants*
Viandes	Lait
Œufs	Légumes
Céréales	Fruits

Intoxication par les métaux lourds

Arsenic

Risques d'intoxication liés à l'environnement
- poêles à charbon
- pesticides, insecticides, herbicides, défoliants
- fabrique de verre, miroirs

Effets toxiques de l'arsenic chez l'adulte
- fatigue, baisse de vitalité
- perte de cheveux
- gastro-entérites

Traitement
- vitamine C
- sélénium

Conseils alimentaires
- haricots, légumineuses
- aliments riches en acides aminés soufrés

Plomb

Risques d'intoxication liés à l'environnement
- gaz d'échappement des voitures, atmosphère des villes
- peintures à base de plomb
- pollutions dues aux fonderies
- conduites d'eau en plomb, tuyaux en plomb
- piles et accumulateurs en plomb
- additifs à l'essence
- émaux et céramique émaillée
- soudures
- revêtements divers
- crayons
- papier journal
- soldats de plomb
- poussières, cendres
- légumes poussant en bordure de route
- vente d'aliments en plein air, au bord des routes
- insecticides
- farine d'os
- vin
- cigarettes
- teintures de cheveux
- mastic
- verre au plomb
- caractères d'imprimerie
- matériaux de construction
- plâtre
- munitions, accessoires de tir
- atelier d'artisans, zones industrielles

Effets toxiques du plomb chez l'homme
- système digestif : constipation, diarrhée, perte d'appétit, décoloration des gencives, nausées, coliques
- sang : anémie, hémoglobine basse, globules rouges ponctués, hyperuricémie
- articulations et muscles : fatigue musculaire, atonie et crampes, tremblements, dégénérescence des nerfs moteurs, arthrites, goutte, atrophies osseuses et articulaires
- cerveau et nerfs : arriération mentale, dépression, irritabilité, confusion, insomnie, maux de tête, agitation, instabilité émotionnelle, goût métallique dans la bouche, vertiges, paralysies
- hyperactivité et difficultés d'apprentissage chez les enfants, nervosité excessive en général

Traitement
- supprimer les causes d'intoxication
- zinc et calcium : ils favorisent l'excrétion du plomb.

- Le plomb remplace progressivement le calcium déficient de nos os. Une alimentation riche en calcium prévient ce risque.
- vitamine C et vitamine B : elles réduisent la toxicité du plomb
- lécithine : elle protège le tissu nerveux

Conseils alimentaires
- légumineuses et algues : elles activent l'élimination intestinale du plomb
- ail
- haricots
- œufs
- agrumes riches en vitamine C

Mercure
Risques d'intoxication liés à l'environnement
- combustion de charbon
- amalgames dentaires
- accumulateurs, piles
- onguents et cosmétiques
- fongicides et pesticides
- papiers et adhésifs
- pellicules de films
- feutres et vêtements
- antiseptiques (Merfen)
- cires à parquet
- peintures à l'eau

- engrais chimiques
- lampes au néon
- poissons d'eau de mer pêchés en secteur contaminé
- manutention de produits dérivés du pétrole
- baromètres, thermomètres

Effets toxiques du mercure chez l'adulte
- troubles des fonctions cérébrales, sensibilité émotionnelle inhabituelle
- asthénie, perte d'appétit, amaigrissement
- troubles visuels
- paralysies
- convulsions, perte du sens de la douleur
- albuminurie par lésions rénales
- inflammations des gencives
- difficultés à avaler, à mâcher

Traitement
- supprimer les causes de l'intoxication
- sélénium qui antidote le mercure
- vitamines C, E, A, qui en réduisent les effets toxiques

- calcium qui neutralise et facilite l'élimination
- lécithine

Conseils alimentaires
- aliments riches en acides aminés soufrés (cystéine)
- aliments riches en vitamine C, en sélénium
- pommes et haricots cuits à l'étouffée

Cadmium

Risques d'intoxication liés à l'environnement
- fonderies de zinc, de plomb, de cuivre
- eau du robinet contaminée, tuyaux galvanisés au cadmium
- particules de pneu
- farine blanche
- casseroles émaillées
- bonbons et charcuterie
- incinération du caoutchouc, de plastiques et de colorants
- automates à boisson
- café instantané et boissons au cola, thé
- huîtres et coquillages contaminés, pêcheries proches de zones industrielles
- huiles de moteurs et gaz d'échappement
- engrais phosphatés

- produits à polir
l'argenterie
- cigarettes, fumée du
tabac
- peintures industrielles
- nourriture carencée en
zinc

*Effets toxiques du cadmium
chez l'adulte*
- hypertension
- lésions rénales
- artériosclérose, maladies
cardiovasculaires
- altérations du cœur et
des vaisseaux
- bronchites chroniques
(fumeurs)
- emphysèmes
- inappétence
- diminution de l'odorat
- responsable de tumeurs
cancéreuses
- diminution de la lon-
gévité par empoisonne-
ment cellulaire

Traitement
- vitamine C et E
- sélénium
- zinc et vitamine B6

Conseils alimentaires
- éviter les farines blanches
- éviter l'eau du robinet
- éviter les marmites
émaillées à haute teneur
en cadmium

- absorber : ail, œufs,
haricots, agrumes riches
en vitamine C (citrons,
oranges…), aliments
riches en zinc et en
calcium

Aluminium

Commentaires
L'aluminium est un
oligo-élément réparti en
quantités variables dans
l'organisme. Il exerce
une action tonique sur le
système nerveux et régula-
rise le sommeil. C'est un
inhibiteur de la transpiration. On l'utilise à doses
thérapeutiques contre
l'atonie, l'insomnie et la
lenteur d'idéation. C'est
un modificateur de terrain
important chez les enfants
ayant un retard scolaire lié
à des difficultés de compréhension et à des troubles
de la mémoire (dévelop-
pement intellectuel). Son
action bénéfique sur le
système nerveux central
l'indique également dans le
mongolisme, les séquelles
d'encéphalopathies vacci-
nales, la lenteur cérébrale,
les troubles de la mémoire
des personnes âgées.

Risques d'intoxication liés à l'environnement
– papier d'emballage en aluminium
– ustensiles de cuisson en fonte et en aluminium
– médicaments antiacides pour l'estomac
– déodorants et antitranspirants
– dialyses rénales

Effets toxiques chez l'homme
– La fixation de l'aluminium se fait au niveau des os, du cerveau et de l'estomac. On retrouvera, à doses toxiques, les symptômes suivants :
– nausées, constipation, coliques, spasmes digestifs
– crampes musculaires des jambes, transpiration abondante, paralysies
– troubles de la formation des os
– sénilité précoce
– perte de mémoire (maladie d'Alzheimer)
– certains psoriasis
– certaines épilepsies

Traitement
– magnésium
– vitamines A et B6
– extraits cortico-surrénaliens

– supprimer le risque d'intoxication

Conseils alimentaires
– haricots cuits à l'étouffée
– ail
– œufs
– agrumes riches en vit. C

Cuivre

Commentaires
Le cuivre est un élément essentiel pour la santé de l'homme. Son taux sanguin normal se situe entre 80 et 110 µg/100 ml. C'est un catalyseur de la vitamine C qui agit sur les carences calciques. Il participe à la fixation du fer sur les hématies. C'est un régulateur thyroïdien et surrénalien. Il a une action protectrice contre le stress par l'intermédiaire de la céruloplasmine qui détruit les amines biogènes libérées au cours du stress.
– Apports quotidiens moyens :
  2 à 5 mg
– Besoins minima :
  30 µg/kg

Risques d'intoxication liés à l'environnement
– eau douce (acide)
– piscines

- automates à boisson
- algicides des réservoirs d'eau
- hémodialyses
- stérilets
- pilules contraceptives (usage prolongé)
- conduites d'eau en cuivre
- ustensiles de cuisine en cuivre

Pathologies dans lesquelles le taux de cuivre est élevé
- maladie de Wilson
- coronaropathies du groupe A
- dépressions ou nervosisme
- psychoses, autisme infantile
- schizophrénie histaminopénique
- insomnies
- hyperkinésie infantile
- troubles de la perception
- artériosclérose

- hypertension
- troubles hépatiques
- troubles rénaux
- maladies du collagène : arthrites, polyarthrite rhumatoïde
- maladies migraineuses
- cancers, leucémies
- carences en zinc (syndrome de stress)
- sénilité
- anémie ferriprive
- tuberculose
- toxémie gravidique

Traitement
- supprimer la cause de l'intoxication
- vitamine C et vitamine B6
- zinc
- manganèse
- molybdène
- méthionine et extraits cortiso-surrénaliens

La Fondation Kousmine

L e 26 février 1987, la Doctoresse Catherine Kousmine crée à Lutry (Suisse) la Fondation du Docteur Catherine Kousmine.

Cette Fondation « *a pour but la diffusion, le maintien, la sauvegarde et le développement des principes alimentaires, médico-alimentaires et médicaux que j'ai mis au point et appliqués depuis de nombreuses années.*

Dans la mesure de ses moyens, la fondation pourra créer des services des services de soins, des maisons de cure et de repos, des restaurants et cantines, dans lesquels seront mis en pratique les méthodes et principes développés dans mes écrits.

Elle est destinée à me survivre

Aujourd'hui, après 45 ans de recherches et de leurs applications particulièrement fructueuses, je me suis entourée d'une équipe de jeunes médecins et d'amis, afin qu'ils transmettent à chacun, ainsi qu'aux générations futures, l'art de gérer son capital de santé. »

Plus de 20 années après le décès de la doctoresse, sous la direction d'anciens élèves et de médecins formés par eux, la Fondation Dr Catherine Kousmine continue et prolonge la volonté exprimée par sa fondatrice.

• Son siège social est :

Fondation Dr Catherine Kousmine
39 rue de la Madeleine
1800 Vevey (Suisse)
www.kousmine.com – info@kousmine.com

• Un Centre Médical a été créé pour recevoir et aider les patients désireux de se soigner selon les principes de la doctoresse Kousmine :

Centre Médical Kousmine
39 rue de la Madeleine
1800 Vevey (Suisse)
www.kousmine.ch – info@kousmine.ch

• Des formations à la méthode Kousmine destinées aux professionnels ont lieu chaque année en Suisse, ainsi que des stages de cuisine pratique ouverts à tous publics. Ces activités sont organisées par :

NFC Santé
39 rue de la Madeleine
1800 Vevey (Suisse)
www.nfcsante.ch – info@nfcsante.ch

• La Fondation reconnaît et cautionne des Associations Kousmine en France et en Italie :
  – AKF en France : www.kousmine.fr
  – AMIK en Italie : www.amik.it
  (des formations à la méthode Kousmine et des stages pratiques de cuisine sont assurées par ces Associations.)

• La Fondation élabore une gamme de produits diététiques en son nom et labellise des compléments nutritionnels respectant une charte de qualité édictée par elle.

Catherine Kousmine :
une vie de recherches

Catherine Kousmine est née en Russie, au bord de la Volga. En 1904, quand la petite Catherine ouvre les yeux sur le monde, la Russie des tsars est en guerre contre le Japon. À l'intérieur, on note une agitation sociale épisodique mais rien ne laisse encore prévoir la révolution.

La famille Kousmine est aisée. Dès 1908, le père, petit industriel, l'emmène passer l'hiver en Suisse. Il loue à Lausanne et pour dix ans un appartement. Choix judicieux : en 1916, on s'installe sur les bords du Léman à cause de la guerre et on y reste définitivement. En 1918, la révolution a fait ses ravages dans la vieille Russie. Les biens des Kousmine sont confisqués. Plus question de rentrer au pays. Commence alors pour Catherine Kousmine une vie qui sera entièrement faite de luttes pour la survie et pour les idées.

Il faut d'abord poursuivre les études commencées sous un autre système. Catherine entre à l'École supérieure. Il faut rattraper le latin. Elle attaque *La guerre des Gaules* de César : elle met trois semaines à déchiffrer la première page et trois jours pour la deuxième. Même rythme lorsqu'il faudra rattraper le programme de mathématiques au gymnase scientifique des garçons. Après un trimestre, le futur docteur est première en la matière ! Le père est là pour l'encourager et la conseiller. À l'heure du choix d'un métier, alors que les femmes sont programmées pour être ménagères, on lui conseille le professorat. Mais les mathématiques ont formé son esprit à une discipline qui ne l'intéressait pas. Elle choisit comme gagne-pain la médecine. Les études coûtent cher. Il faut à tout prix se procurer de l'argent. C'est l'époque des poupées de laines porte-bonheur, « Nenettes et Rintintins ». C'est aussi le temps des leçons d'allemand données à des siamois ne comprenant que l'anglais !

Après six ans qui lui ont paru une éternité, en 1928, Catherine Kousmine reçoit son diplôme de médecin FMH (pédiatrie) à Zurich où elle gagne la moitié de ce que gagne un homme aux mêmes fonctions. Ce handicap, général à l'époque, elle le surmonte un jour en rectifiant par deux fois le diagnostic des chefs de clinique.

Du coup, elle est promue au rang salarial d'un homme. Lorsqu'elle peut s'installer à Lausanne, sa spécialité FMH n'est pas reconnue. Les consultations ne sont payées que la moitié du tarif! Il faut pourtant bien vivre… Elle se fait généraliste.

Cancer et nourriture

« Dans les années quarante, le taux des cancéreux augmentant, je me suis dit qu'il serait utile de comprendre cette maladie. Avec deux compagnons de route, un pharmacien d'officine puis un cadre de l'industrie pharmaceutique, nous avons installé un laboratoire dans une cuisine inoccupée de mon appartement et j'y ai étudié les souris pendant dix-sept ans (17 000 souris).

À l'Institut Curie, laboratoire moderne entièrement automatisé, les souris recevaient des comprimés nutritifs. Moi, par contre, pour que cela revienne moins cher, je faisais le tour des boulangeries pour y ramasser du vieux pain. Je donnais aux souris un jour sur deux du vieux pain, un jour par semaine des carottes crues, un autre jour de la levure de bière. Autrement dit, un jour sur deux, elles avaient une nourriture saine prévue par la nature, et un jour sur deux notre nourriture à nous, dévitalisée. La proportion de 50 % de bonne et 50 % de mauvaise nourriture provoqua la chute de la fréquence des cancers de 50 %.

Cela, je ne l'ai compris que bien plus tard, j'ai lu un gros livre résumant tout ce qui était connu sur le cancer à l'époque. Toutes les connaissances étaient douteuses, rien n'était employable. Il fallait repartir de zéro. »

Étudier les molécules propres au corps

« Nous avions orienté nos recherches du côté de ce qu'on appelle aujourd'hui la médecine orthomo-léculaire, qui jongle avec les molécules propres au corps. Nous avons donné aux souris cancéreuses tous les corps biologiques accessibles sur le marché et observé comment évoluaient leurs cancers par rapport à ceux de souris cancéreuses non traitées. »

Pendant quelques années, les chercheurs poursuivaient leur travail, classant les vitamines et autres corps biologiques selon leurs effets en utiles, indifférents ou nocifs.

Composée de chercheurs indépendants et non subventionnés, l'équipe Kousmine poursuit ses expériences démontrant notamment que la présence d'une tumeur accroît la résistance des animaux aux toxines microbiennes injectées par voie intraveineuse.

Entre-temps, le Dr Kousmine était passé de l'animal à l'homme. *« Un beau jour, en 1949, des amis qui étaient au courant de nos recherches m'envoient le premier malade cancéreux. Il était atteint d'un réticulosarcome généralisé et aurait dû mourir en 1951 selon les statistiques de l'époque. Aujourd'hui, je vois encore cet homme de quatre-vingt-neuf ans deux fois par année. Au début, il a essayé à plusieurs reprises de retourner à son alimentation erronée, et chaque fois il a réagi par une poussée de sarcome. Depuis vingt-neuf ans, il suit les règles alimentaires imposées par la nature : son sarcome n'est pas réapparu. »*

Une expérience au service des autres

Notre nourriture occidentale est une alimentation de luxe qui impose à notre organisme un effort quotidien excessif de digestion et d'assimilation. Plus sobres, nous serions plus résistants et mieux portants.

Le Dr Kousmine met une expérience de soixante années d'observation à disposition des thérapeutes et d'un public largement sensibilisé aujourd'hui. Sa grande force réside dans la qualité de sa démarche cartésienne et pragmatique à la fois. Sa qualité de médecin lui a permis l'approche de malades graves : elle guérit bon nombre de cas jugés perdus.

Oui, Catherine Kousmine était un phénomène ! Pendant des décennies, cette petite femme frêle et plutôt solitaire parmi ses pairs, malgré une notoriété croissante et des succès nombreux, a mené un combat acharné contre la maladie des autres. Adulée ou controversée, adorée par les uns ou admonestée par les autres, elle a poursuivi ses recherches, soigné, amélioré et guéri, clamant haut et fort nos propres responsabilités en mettant au pilori nos habitudes alimentaires.

Dr Philippe-Gaston **Besson** · Dr Alain **Bondil**
Dr André **Denjean** · Dr Philip **Keros**
de l'Association médicale Kousmine internationale

les 5 piliers
de la **santé**
Au-delà de la méthode

jouvence
ÉDITIONS

**Les 5 piliers
de la santé**
Collectif

Une synthèse complète
sur la vision de santé du
Dr Kousmine qui donne
à chacun la possibilité
de gérer son équilibre de
santé. Voici les 5 piliers :
1 • Alimentation saine et
consciente.
2 • Un apport en
vitamines et en compléments alimentaires.
3 • Le maintien des équilibres biologiques
(notamment l'équilibre acido-basique).
4 • L'hygiène intestinale.
5 • Une démarche psychologique.
Pour prendre conscience de sa responsabilité
dans la gestion de son équilibre de santé et de
ses maladies chroniques. Comment agir par
vous-même (ou avec l'aide de votre médecin)
sur la fonction d'assimilation (nutrition
et respiration), la régulation (apport de
vitamines et d'oligo-éléments), ainsi que sur
les éliminations du corps (hygiène intestinale,
diète). Au-delà de la méthode, c'est aussi
introduire la dimension psychologique et
spirituelle.

Des
mêmes
auteurs

320 pages • 22 € / 39 CHF
ISBN 978-2-88353-326-4

Acide-base: une dynamique vitale
Dr Ph.-G. Besson

Les recherches les plus récentes dans le domaine médical ont mis en évidence l'importance d'une notion jusqu'alors méconnue : l'équilibre acido-basique de l'organisme.

Cet ouvrage décrit précisément le mécanisme de cet équilibre et montre comment différents processus permettent de réguler notre tendance naturelle à l'acidité. Il explique aussi pourquoi l'alimentation et les conditions de vie modernes concourent à rompre cet équilibre et à créer un terrain propice à l'apparition des maladies. Se fondant sur une base théorique solide, il donne toutes les applications pratiques pour, en corrigeant son alimentation, adopter une hygiène de vie indispensable pour préserver sa santé. Un ouvrage clé déjà vendu à plusieurs milliers d'exemplaires.

160 pages • 14,50 € / 26 CHF
ISBN 978-2-88353-833-7

Achevé d'imprimer en mai 2011
sur les presses de l'imprimerie Nørhaven

Dépôt légal : 06/2011
Imprimé au Danemark

Ce livre est imprimé par Nørhaven A/S, qui possède une certification
environnementale qui assure une stricte application des règles concernant
l'utilisation de papiers issus de forêts exploitées en gestion durable, et
d'encres à base d'huiles végétales et d'eau, le recyclage et le traitement
systématique des déchets, la réduction des besoins énergétiques
et le recours aux énergies renouvelables.